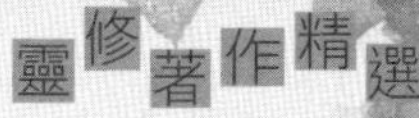

復興，與你所想的不一樣

撒迦利亞書給這時代的12個信息

羅慶才 著

▼

靈修著作精選

復興，與你所想的不一樣

撒迦利亞書給這時代的12個信息

作者
羅慶才 Lo, Hing-Choi

責任編輯
羅慧琪、吳國雄

裝幀設計
奇文雲海・設計顧問

■

出版 / 發行
基道出版社
香港沙田火炭坳背灣街 26 號富騰工業中心 10 樓 1011 室
LOGOS PUBLISHERS
Unit 1011, 10/F, Fo Tan Ind. Centre, 26 Au Pui Wan St., Shatin, Hong Kong
電話：(852) 2687-0331　傳真：(852) 2687-0281
網址：https://www.logos.com.hk

承印
海洋印務有限公司

●

10/2018 初版
Cat. No. LP670A
ISBN: 978-962-457-576-7

刷次	10	9	8	7	6	5	4	3	2
年份	2027	2026	2025	2024	2023	2022	2021		

自序：從拆毀到重建

復興是甚麼？

屬靈的復興，是任何一個信徒羣體都盼望能夠經歷到的。但復興從何而來？

一談到復興，我們會想起使徒行傳二章 1 至 4 節那個充滿動感的畫面。有大聲響，有風颳起，又有火燄顯現，落在聚集小樓中各人的頭上，聖靈就充滿了他們。這畫面，這經歷，成了很多信徒心目中對「復興」的定義。

「復興」這詞語給人振奮、激昂、澎湃的感覺。在這股動力的催促下，信徒紛紛從沉睡中覺醒，從低迷的屬靈狀態中破繭而出，為教會和社會帶來重大的改變。這想法使信徒覺得，復興是翻天覆地的改變的前奏。

「復興」這詞語令人聯想到「失敗」。在信徒的經驗中，屬靈的失敗源自人的叛逆。耶穌所講的「浪子的比喻」（路十五 11～32）是個很好的說明。離家的小兒子背叛了父親，把父親分給他的財產花費淨盡。在覺悟中，他回到父親的懷裏。當父親把他一擁入懷，這名小兒子得著了復興。但不要以為驕橫自我的人才需要復興，那些在人看來循規蹈矩的人，也可能有此需要。這就是「浪子的比喻」中，那位忠心服事父親的大兒子的處境。他忠心地服事父親，數十年如一日，從沒說過一句怨言。不過，這不表示他不曾「離開」他父親。在這些年間，他雖然忠心和順服地作父親所吩咐的一切，但其實他並未真正明白父親的心意，也不認同父親憐憫浪子。結果，人在心不在，順服的背後，是不了解；順服亦只是盲從。在父親家中，他仍然是浪子。所以，他同樣需要復興。

從屬靈的角度看，復興是拆毀與重建的過程。我們常常見到一些工程，把舊的、過時的、不能滿足現代需要的建築物修葺、粉飾，而建築物的價值因此提升。但復興不是這樣，不是把破舊的粉飾一番，在外面披上「新衣」，但內裏卻與舊的沒有分別。以色列的歷史告訴我們，復興是拆毀後的重建。沒有經過拆毀，就不能重建，也就沒有復興。重建是復興，但拆毀也是復興。

當然，復興完全是恩典。不過，這裏也有弔詭之處。因為縱然有恩典在先，仍需要願意接受的人，復興才能發生。恩典無疑是白白賜下的，但人的心要作好準備，恩典才能進入人的生命中。

撒迦利亞書與屬靈的復興

本書輯錄了撒迦利亞書一至八章的講解及釋義。可能對部分信徒來說，這是卷頗為陌生的先知書，就讓筆者先簡介一下。

撒迦利亞書所記載的，是同名的先知所作的宣講。我們對這先知所知不多。尼希米記十二章 16 節記載「易多族有撒迦利亞」，假設他與「易多的孫子，比利家的兒子先知撒迦利亞」(亞一 1)是同一人，那麼撒迦利亞是祭司的後人。可能因這緣故，他對與禮儀有關的事，頗為熟識(參亞七 2～3，八 19)。

撒迦利亞書記載了先知在「大流士王第二年八月」(公元前 520/519 年；一 1)至「大流士王第四年九月，就是基斯流月初四」(公元前 518 年；七 1)之間宣講的信息。大流士(《和合本》作大利烏)是波斯帝國第三位君王(公元前 522～486 年)，繼塞魯士(《和合本》作古列，公元前 559～530 年)和剛比西斯(公元前 530～

522 年；沒有在舊約出現）後作王。當時是波斯時代，被擄到巴比倫的猶大百姓自公元前五三九年起，陸續回到猶大地居住。回歸的生活殊不容易，社會及經濟問題眾多，也不易應付。當時的猶大，已不是昔日的猶大，只是波斯帝國西部邊沿上一個省份而已。

在回歸的人中，有先知哈該和撒迦利亞，兩人差不多同一時間（參該一 1；亞一 1）蒙神揀選作先知，宣告重建聖殿，復修祭壇的信息。這事對當時的百姓來説是一大挑戰，因為物質資源缺乏，人手也不足。但在先知哈該的努力推動下，聖殿的根基在公元前五二〇年立好了。

先知撒迦利亞如何參與重建聖殿的工作？他的宣講把聖殿的建造置於更遼闊的屬靈視野中，引導百姓對這事有更深的反省和認識。在他的宣講中，我們可以看見被擄前及被擄時期的先知的影子。其中影響撒迦利亞至深的是以西結，尤其以西結書四十至四十八章的信息中提到，猶大得復興後的社會格局。在以西結的異象中，當猶大得復興，土地會重新劃分和分配，迦南地正中央的一片土地特別劃歸聖殿。換言之，得復興的猶大是一個以聖殿、獻祭和敬拜為中心的民族。在撒迦利亞所見的復興的異象中，聖殿亦佔中央位置。

我們在撒迦利亞的宣講中，也見到先知耶利米的影子，這在書卷裏的八個異象中最為明顯。在這些異象中，經常有一位先知陪伴著撒迦利亞，向他講解異象的意義。在各異象中，先知撒迦利亞好像能置身神的宮廷中，看見、聽見，甚至參與神與祂的使者的交談對話，得知神的計劃，這反映先知的獨特身分和使命（參摩三7；另參創十八17～19）。這些記載把耶利米書二十三章18至22節的宣講圖象化地表達出來。撒迦利亞就是那位能夠「站在耶和華的會中」「察看並聽見他的話」（耶二十三18）的先知。另一方面，耶利米本人也受著舊約中有關先知蒙召的傳統所影響。這傳統在以賽亞書六章1至13節，以及列王紀上二十二章19至22節中出現。這些資料顯示，撒迦利亞繼承了舊約中「古典先知」的傳統。

撒迦利亞書是由兩部分所組成，分別是一至八章和九至十四章。撒迦利亞書的劃分，其中一個依據是文學風格。撒迦利亞書一至八章有很明顯的連貫性，包括（一）日期的記載只在這裏出現（亞一1、7，七1）；（二）撒迦利亞只在這八章經文出現；（三）最重要的是，八個異象之間在文學上的合一性，其佈局以第四個（三1～5）和第五個（四1～6、11～14）異象為核心，其餘六個異象圍繞這核心來編排，而且第一個

（一 1～17）和第八個（六 1～8）異象前後呼應。這些特點都沒有在九至十四章出現。在歷史背景上，這卷書前八章的處境和對象明確（八 9～13），與撒迦利亞後半部明顯不同。

值得一提的是，撒迦利亞書九至十四章有一個獨特之處。這六章經文可以再劃分為九至十一章和十二至十四章兩部分，每部分均有標題「耶和華的默示」為記（亞九 1，十二 1）。「默示」的意思可理解為「信息」。同一現象亦在瑪拉基書中出現，其中一章 1 節的標題是「耶和華的話……的默示」。至於「瑪拉基」，舊約學者相信這並非一個真實的名字。它的意思是「我的使者」（參瑪三 1），因此瑪拉基書可能原本沒有作者的姓名。

基於這些情況，有研究「十二先知書」（按：The Twelve Prophets；指由何西阿書至瑪拉基書的十二卷「小先知書」）的學者認為，撒迦利亞書九至十一章、十二至十四章，以及瑪拉基書一至四章是一連串作者姓名不詳的著作，以「耶和華的默示」為標題，以補編或附錄形式加入「小先知書」中。這結論包含兩方面的意義：（一）現時的舊約正典中的「十二先知書」，其實只有十一卷書，再加三個附錄；（二）撒迦利亞書一至八章其實是這系列「小先知書」並全部先知書的結束篇章。

若我們採納這結論，不計「附錄」，那麼舊約中的先知書就是以嚴厲的責備開始（賽一2～3），以「因為我們聽見神與你們同在了」（亞八23）結束。

從拆毀到重建，這就是復興的信息。

撒迦利亞書與我

這系列的講章是筆者在二〇一三年的時候宣講的。當時教會正進行擴堂，且差不多接近尾聲。雖然教會建築物的面積不大，但要擴建仍是一件繁複的事。不管怎麼樣，眾肢體都努力向前、齊心努力，迎向這重大挑戰。為準備眾肢體面對擴堂後的挑戰，筆者於是決定嘗試以撒迦利亞書為宣講的題材，期望眾信徒都能從這卷書中得著勉勵和提醒。

這個「時代背景」，在講章內容中也有反映。可能讀者對這背景和經歷不會有很大的共鳴，甚至有點摸不著頭腦的感覺，但我沒有刻意把這些內容刪掉或修改，是期望讀者能明白這些講章的出發點和目的，嘗試從「正經歷轉變的羣體」的角度，來理解這些講章。筆者盼望這小小堂會的經歷，能透過撒迦利亞書的教導祝福讀者，以及他們所屬的堂會。

自二〇一三年至今，五年過去了。教會擴建的工作早已完成，筆者亦已轉到另一堂會事奉。當要整理這些講章出版時，除了驚覺自己(竟然)在當時說了這些話，同時也重溫了當時的一些片段。那時的回憶，深深地印在我心中。有誰不需要復興？但復興從何而來？豈不是從我們願意回頭，離開所行的路，回到神的懷抱中而來嗎？盼望透過這些信息，能夠與讀者一同走上這條尋找復興的路。

筆者感謝基道出版社願意出版本書，而書中所引用的是《和合本修訂版》(簡稱《和修》)的經文。

羅慶才

二〇一八年八月二十九日

目錄

1

回轉

「你們要轉向我」

撒迦利亞書一章1至6節

曾經讀過一篇文章，題目是〈和宇宙生命的對話〉，作者是日本作家池田大作。在這篇文章中，他憶述年少時日本剛戰敗，當時的日本人不期然地想起了，中國唐代詩人杜甫的一首五言詩《春望》:「國破山河在，城春草木深。」這首詩所寫的是中國唐朝「安史之亂」後的情況。當時杜甫四十六歲，時為公元七五七年，唐玄宗被趕出長安，而楊貴妃則於年前被賜死。所引述的兩句，只用了十個字就把戰亂後的荒涼寫出來，令人有如置身其中。這首詩很能夠引起戰敗後的日本人的共鳴。他們深深地感受到當時日本的悲涼；日本除了美麗的山河還在，就甚麼都沒有了。

一談到「復興」，我們心目中有何聯想？可能我們會立即想到，在破落、荒廢、凋零和頹垣敗瓦中，傳說中的鳳凰從烈火中轟轟烈烈地再生。

但這是「復興」嗎？這是我們所期望經歷的「復興」嗎？讓我們從撒迦利亞書來領受教導，認識「復興」有何意義。

舊約的「復興」信息

對我們來說，雖然撒迦利亞書可能較為陌生，但它包含了很多與「復興」有關的主題和教導，讓我們知道「復興」所牽涉的是甚麼，復興怎樣「發生」，又如何改變信仰羣體的生活、關係和組織。

其實，舊約中與「復興」有關的書卷不少，包括我們較常研讀的以斯拉記和尼希米記，還有以西結書、哈該書、撒迦利亞書、以賽亞書四十至五十五章、五十六至六十六章，甚至歷代志上、下。這些書卷包含了極豐富的內容，惟共通之處是，它們都是以色列民被擄巴比倫後的「產物」，反映出在神的靈的感動下，有不少人花了頗多心思和精力，將屬靈的領受和體會化作文字，幫助被擄中的百姓明白生命和歷史的意義何在。

讀這系列的書卷，我們就會明白為何人會落在「被擄」的處境中，以及如何在「被擄」的光景中重拾盼望和動力，繼續信仰的旅程，不被過去的錯誤和罪惡「打垮」，能重新站立起來。透過書卷中的這些內容，我們更能明白神要如何重建一個已經崩潰瓦解的民族，賜給他們新生。所以，若要知道「復興」是甚麼，就應該從這系列的書卷學習。

回到撒迦利亞書，我們注意到它與哈該書的連貫性。它們之間有很多共通點：

1. 最重要的是，**在主題上，兩卷書均針對聖殿的重建**，並與此相關的問題。
2. **兩卷書內出現的人物大致相同**：大祭司約書亞、「總督」(或省長)所羅巴伯和猶大省的居民或代表。
3. **這兩卷書內有七個日期的標示**，讓我們看見聖殿重建的事態發展(該一1、15，二1、10；亞一1、7，七1)，也反映了兩卷書之間的連貫性。從這七個日期的標示，我們可以知道這兩卷的內容，是介乎公元前五二〇年八月二十九日至五一八年十二月七日間的十八個月內所宣講的。舊約學者相信，這些信息在宣講後不久就被輯錄下來，編成現時我們所見到的書卷。
4. 這兩卷書有如此緊密的連貫性，是因為**哈該和撒迦利亞是在同一時間蒙召作先知**的，他們的事奉起了互相補足的作用。在兩人之間，先知哈該可能是比較年長的，他扮演了推動、鞭策、鼓勵的角色，而撒迦利亞作為較年輕的先知，做了承接、深化、強化的工作。

撒迦利亞書所針對的是聖殿的重建，以及與此相關的一些問題，它引導人去思想：聖殿的重建如何影響上帝子民的生活？這有何歷史意義？先知在這情況下蒙召，他的使命就是讓猶大百姓洞察神的旨意如何藉聖殿的重建彰顯出來，並更新曾經歷劫難的百姓，帶給他們真正的「復興」的盼望。

復興信息的時代背景

這卷書是以一個年份作開始（亞一1）；一般而言，這節經文相等於書的「標題」或書名。坊間以年份為書名的著作，例子有黃仁宇教授所寫的《萬曆十五年》（*1587, A Year of No Significance: The Ming Dynasty in Decline*）。這類「標題」經常在先知書的開頭出現，作用是把先知的宣講設定在某個歷史時空中，顯明神的話並非空泛、抽象、不著邊際的，而是「落地」的話。但這「標題」與別的先知書中的「標題」的不同之處，在於其他先知書是藉以色列和猶大君王的名字和年份來「定位」，而這卷書卻是以一名外邦君王來「定位」:「大流士」就是波斯君王大流士一世(公元前 522 ~ 486 年)。另有一個特別之處，就是經文不但有在位君王的名稱，更有年份和月份:「第二年八月」，讓我們知道當時是公元前五二〇年十至十一月。所以，這篇信息的對象，是公元前五二〇年間「大流士王」統治的百姓。

剛才提到「萬曆十五年」，這年份即公元一五八七年。該書作者形容這年是「沒有重要性的一年」，因為這一年內沒有發生過任何舉足輕重的歷史大事。不過，其實這書所討論的，是作者的觀點:這看來平平無奇的一年，其實是明朝步向覆亡(於公元 1644 年)的開始。那麼，大流士一世在位的公元前五二〇年，又是怎樣的一年?公元前五二〇年有何事歷史大事發生?最重大的事莫如大流士王平定了國內因王位繼承問題而起的亂事，令波斯帝國重歸平靜。對在波斯帝國版圖邊陲的猶大地，最重大的事就是聖殿的重建(公元前 520 ~ 515 年)。從政治層面看，這是波斯政策的一部分:鼓勵屬土人民，包括猶大人，重整自己的文化、信仰和風俗，但最終目的，是藉這政治手段來強化管治。聖殿就是在這政策下獲准重建的。所以從政治層面看，是波斯政策為重建提供了歷史條件。

那麼在公元前五二〇年，猶大的處境是怎樣的?

在公元前五九八至五八二年間分三批被擄到巴比倫的猶大人，在公元前五三九年開始陸續回歸。但在過去的半世紀中，猶大地已經出現了重大的變化。在經濟方面，耶路撒冷在被擄前本是區內的經貿中心，但當時因人力不足，土地經過戰亂和長期荒廢，猶大的經濟狀況並不理想，停滯不前（該一6）。難怪聖殿要開始重建時，猶大人對此並不熱中，因為他們本身的困難太多了，要克服的困難太艱鉅了，他們覺得沒有多餘的精力參與這工作。就在這時，哈該先知出現了，在他極有說服力的宣講和推動下，猶大人終於被激發起來，願意投身重建聖殿。然而，有學者估計哈該於這工作期間去世，因此工作還未完成，就再沒有關於他的記載。而延續他的工作，把渴望復興的心繼續深化的，就是先知撒迦利亞。

撒迦利亞的使命，是要讓猶大人知道，「復興」的真正意義不只是重建一所聖殿，甚至也不是重建一個已經受破壞、荒廢的制度或系統。他們要明白，「復興」包含信仰、社會結構、社會行為、人際關係等多方面的影響。猶大人必須作好準備，進入「復興」。因為神要猶大人從失敗中建立一個民族和信仰羣體。

「復興」的第一步

先知撒迦利亞如何幫助生活困難、捉襟見肘的百姓明白「復興」的意義？他的第一篇信息（亞一 1～6），就為回答這問題奠下基礎。這篇信息呈三段式結構：主題（2 節）、回顧（3～4 節）和總結（5～6 節）。其特色是多番引述前人的說話作為宣講的權威：所引述的經文包括耶利米書二十五章 5 節（亞一 4）、申命記二十八章 45 節（亞一 6 上）和耶利米哀歌二章 17 節（亞一 6 下）。引述這些經文的作用之一，是表明撒迦利亞與從前的先知是一脈相承的，所以他也有先知講道的權柄。落在歷史低谷中的猶大百姓，需要聽見有力的、清晰的話語，作為屬靈的亮光。另一個作用是藉所引述的經文作為過去的經歷的總結：（一）耶和華藉祂的先知曾多番警告以色列人要悔改，他們卻充耳不聞；（二）亡國的厄運臨到以色列人並非偶然，也非意外，而是按照西奈山的約中所應許的；（三）以色列人所遭遇的，是神定意所行，而且也確實施行了的。

在這樣的歷史脈絡中，先知所講的第一篇信息，重點在於思想甚麼是「復興」的關鍵，而他用的方法是以「轉向」這觀念作為切入點：「你們要轉向我……我就轉向你們。」（亞一 3）甚麼是「轉向」？簡單而言，就是「悔改」。先知定下了討論的框架：討論復興，悔改是先決條件，而悔改就是承認自己有罪。所以，先知這篇信息以一句不容辯駁的話開始：「耶和華曾向你們祖先大發烈怒。」（一2）這一句話，總結了以色列的歷史，也説明了以色列亡國的原因。既然如此，出路在哪裏？出路在於「回轉」。

先知要猶大作出的「轉向」，是要他們明白和承認，滅亡的責任和根源乃在於他們自己不負責任的行為。在這事上，先知撒迦利亞的聽眾要負上跟他們祖先相同的責任；他們不能諉過於人，認為既是上一代人所犯的罪，應該只由上一代人承擔；他們不能以為現在罪的懲罰落在自己身上並不公平，自己是無辜的。

這篇信息像探射燈一樣，讓人看見自己屬靈深處的光景是怎樣的。做了錯事，人的本能是隱瞞、遮掩、推卸責任、找藉口解釋，或將自己的行為合理化。正如香港一政治人物就自己僭建問題所說的名句：「僭建處理了，僭建就不再存在」，是最好的説明。但若我們退一步想，誰沒有説過類似的話？誰沒有「創作」過一些同樣精彩的話，掩飾自己的過錯？正因如此，先知的話沒有給我們迴避的空間。「你們要轉向我」（亞一3），這是一句嚴厲的責備，倔強而尖鋭；而這就是先知的「宣講藝術」：用短短六個字，已把一個信息完整、清晰、有力地宣講出來。

「你們要轉向我」(亞一3)。我們聽見神的呼聲嗎?罪是一個不容迴避,也不容粉飾的事實。承認所犯的罪,是「復興」的第一步。

神的「轉向」

然後,神再宣告:「我就轉向你們」(亞一3),這是一句帶有鼓勵、勸勉、安慰的話,表明了神最終的目的。神的「轉向」,是這篇信息真正的主題。

人會在甚麼情況下經驗神的「轉向」?神的「轉向」如何發生?先知的話中,包含了一段歷史的總結(亞一4~5)。這段歷史的主軸,是耶和華對猶大的祖先的呼喚:「當回轉離開你們的惡道惡行。」(4節)這句話引自耶利米書二十五章5節,當耶利米宣講這信息時,猶大的滅亡已經迫在眉睫;到先知撒迦利亞引述這話時,猶大人已經被擄差不多半個世紀(公元前586~539年)。這話可說是把以色列人被擄前的歷史總結起來:神不斷的呼喚,人卻置若罔聞:「他們卻不聽,也不順從我。」(4節)這不是對先知宣講的正確反應,而這錯誤的反應把猶大推向滅亡。

但這些都已過去,現在又如何呢?猶大人如何面對當時的狀況?如何繼續走歷史的路?對因這些問題而滿心掙扎的人,先知的信息是:聖殿的重建,顯示猶大人的歷史來到一個關鍵處，因為重建聖殿，是人「轉向」神的開始，但同樣地，聖殿得以重建，也是神「轉向」人的開始。這也顯示了一章6節下半部分的重要性：在經歷神的懲罰後，猶大的祖先「就回轉」。對此，神絕不會全無反應，所以，猶大人可以期待神「轉向」他們，復興他們。這篇信息令人感到安慰的地方就在這裏，不只人在「轉向」，神也正在「轉向」人，迎向尋求「復興」的人。

神「轉向」我們，才是「復興」的關鍵，因為最終而言，「復興」是不折不扣的恩典；只有神的恩典才能使我們得著「復興」。「復興」並非從世間的「大流士」而來，即使他們英明神武，但他們沒有權柄和能力把「復興」賜給人。所以，期待「復興」的，只能專注仰望我們的主。

這就是我們從先知的第一篇信息所領受的教導和提醒。

總結

猶大人重建荒廢了的聖殿，跟我們不夠地方使用而擴建教堂，兩者可以當作不甚精確的類比。聖殿在艱難中開始重建，與教會在缺乏中擴建，兩者是否傳遞了相同的屬靈信息？教會的擴建與聖殿的重建，都不能等同為「復興」本身，因為這些工程不論多有意義，都不能帶來生命的更新。但這些事的發生和進行，確實提供了一個好機會，讓我們一同經歷一個重大的屬靈功課：神已經「轉向」我們，我們是否也在作出相應的「轉向」呢？還是仍然紋風不動？

因此，當我們對前面的道路完全沒有任何把握時，讓我們一同向神「求復興」。求神按祂的心意來「復興」我們，以致我們能夠在前面的日子，為主堅守崗位，作忠心的見證。

禱告

賜復興的主，垂顧落在罪中的我，求祢施恩拯救，使我能夠回轉，賜我生命更新。阿們。

思考問題

❶ 如果「大流士王第二年八月」定義了作者所面對的時代特色，那麼你會用甚麼來界定你今天所面對的時代特色？

❷ 先知所講的「轉向」，有何意義？今天你需要從甚麼事中「轉回」?

❸ 「復興」的關鍵在乎人還是在乎神？為甚麼？

2
等候神
「已經七十年了……要到幾時呢？」

撒迦利亞書一章 7 至 17 節

歷史上，曾有國家民族尋求「復興」，但作為一個屬靈的羣體，復興之路從何起首？先知撒迦利亞所見的異象，給了他一個重要的信息：復興其實是從神的心開始。

第一個異象

撒迦利亞書一至八章共有八個異象，是這卷書的重要特色。這八個異象的鋪排，顯示它們是以聖殿為核心和焦點。從哈該書—撒迦利亞書出現的日期標示來看，這八個異象是在聖殿重建的時候臨到撒迦利亞的，所以異象與這重大的歷史發展有密切的關係。總括而言，這八個異象的目的不在於鼓吹百姓要投入重建聖殿，而是要引導百姓去思想：聖殿的重建這重大的歷史發展有何意義？聖殿重建了，是否等於一切都可以回到原來的軌迹？這八個異象教導百姓明白，聖殿的重建與民族的重建有密切的聯繫——神要從根基開始，把這個已經支離破碎的民族重建起來。

這卷書的第一個異象（亞一 7～17），是以一個日期開始（7 節），它相等於公元前五一九年二月十五日，應是寒冬季節，而聖殿的重建已在數月前開始了。

在異象中，經常有一位天使出現在先知撒迦利亞的身旁，向他講解異象的內容（亞一 9）。這位天使除了講解，還在傳話（一 14）。因此其角色是向先知講明神的旨意，是神的「助手」，協助神管理全地。這天使的角色，在舊約中頗為常見，但在撒迦利亞書中，天使的出現反映了一點，就是神與人之間的距離更大了；即使是先知，也不能直接明白神藉異象所啟示的旨意，與被擄前的先知不同。

先知撒迦利亞所見的是「夜間」（亞一 8）的異象；換言之，這是一個夢境。在舊約，夢很多時候是神向人啟示的途徑（參創二十八 10～17；王上三 4～5；耶二十三 25～28）。有學者相信，在文學的鋪排上，撒迦利亞書中所記載的八個異象，都是在同一個晚上看見的。這可從日期的標示推斷出來：在一章 7 節之後，到七章1節才再出現日期標示。

先知用了很精簡的說話，描述所見的異象（亞一8）：他看見有一個「人」（天使）騎著一匹「紅馬」，而在這人身後，有數目不明的一些馬匹，顏色方面有「紅色、褐色（《和合本》為『黃馬』）和白色」。雖然經文沒有說明，但我們可以假設，這些馬也有「人」（天使）騎著。換言之，先知所見的是一隊騎兵。這些馬，相信只是普通的馬，所謂「紅色」，其實與「褐色」屬同一色系。這異象的內容，帶有一點波斯時代的色彩。因為波斯統治的是一個版圖遼闊的帝國，政府的通訊往還，往往需要依賴龐大的馬匹隊伍快速傳遞。另一方面，為了有效管治和監察官員的政績，波斯政府發展出一套完善的監察系統，用密探到各處巡視，搜集資料，向君王匯報。相信先知看見的騎兵隊伍，是把這兩大系統結合起來的結果。

先知特別說明這隊「巡邏隊」所在的位置是在「窪地的番石榴樹中間」。「窪地」應是「低谷」，指陰暗的地方。至於「番石榴樹」在異象中的作用，或許只是提供一陰影濃密處，並沒有特別的意義，因為這類樹長得茂密，葉片很大，可供遮陰。因此，經文的描述讓讀者產生一種神祕的感覺：一個晚上，在一處低谷的茂密樹影中，先知看見一個人騎在馬上，而在他身後，因為樹影的緣故，先知只能看見一隊為數不知多少的騎兵，騎著不同顏色的馬，列隊站立。

先知看見這景象，不明所以，因此需要那位陪伴他的天使「解畫」(亞一10)。我們可以這樣想像那一刻的情景：那名騎在「紅馬」(8節)上的使者，以隊長的身分，向陪伴撒迦利亞的天使報告(10節)。從這對話中我們理解到，與撒迦利亞談話的天使的身分是長官，代表統帥耶和華接受騎兵隊的匯報。所以，這幅圖畫有著明顯的軍事色彩，也有著濃厚的波斯時代政府密探制度和通訊網絡背景的色彩。但比這些更重要的，就是騎兵隊長匯報的內容：「我們在遍地巡邏，看哪，全地都安息平靜。」(11節)

全地都安息平靜

「看哪，全地都安息平靜」，這話把這個異象的記載帶進一個轉捩點。這句話令你有甚麼聯想？對很多人來說，「全地都安息平靜」是一件好事；試問誰不嚮往這樣的境界？從歷史的層面看，「安息平靜」準確地反映了波斯帝國在大流士王一世統治下的狀況。在大流士王一世登基的頭兩年，國內亂事頻繁，但兩年後所有亂事都被平定了，波斯的大流士已經穩握王權。所以，對大流士一世來說，一切「都安息平靜」正是他統治的目的，也顯示了他的管治能力和魄力。

然而，站在神的使者的角度看，「全地都安息平靜」卻並非好事，這狀況所引起的並不是歡欣喜樂，而是哀歎（亞一12）。為何如此？答案在天使的問題中：「你**惱恨**耶路撒冷和猶大的城鎮已經七十年了，你**不施憐憫**要到幾時呢？」（12節）在這風平浪靜的處境中，使者所察覺到的，並非安逸、舒適，而是悲傷，因為「平靜」反映了耶和華的「惱恨」和缺乏「憐憫」。使者覺得，耶和華好像已經忘記了自己的百姓正受人轄制。先知覺得神為他們祖先所犯的罪，仍在憤怒之中，以致祂的「憐憫」停止了。這情況已經維持了「七十年了」，還要維持多久？

天使為一個風平浪靜的世界而哀歎，實令人始料不及。但這哀歎準確地反映了很多人內心的掙扎。「安息平靜」，令人聯想到一些機構、組織或國家的情況。從各方面看，它們的確是「安息平靜」，沒有任何異動，但其實只因為所有不尋常的異動，都被打壓、消滅。異見者的聲音被強行消滅了，一切都是「安息平靜」，無聲無息。但我們能為此而高興嗎？

「安息平靜」，也可以套用在香港的處境。這個彈丸之地，因種種「霸權」的掌控，確實是「安息平靜」，沒有任何的改變。貧富懸殊、社會資源分配不公、政治制度失衡等，不論申訴者、倡議者如何聲嘶力竭，但依然沒有任何改變。對某些人來説，這種「安息平靜」是好事，但對被壓在社會最底層的人來説，這又豈是好事？

那麼，「安息平靜」，可以套用在我們教會的處境嗎？這些年來，教會有何轉變？弟兄姊妹的相交有進步嗎？弟兄姊妹對神有沒有更深的委身？我們的合一，比以前更堅固、更緊密嗎？弟兄姊妹間的嫌隙，修補了嗎？還是正在加深、擴大？若這是我們的現狀，我們能接受嗎？

倘若我們也正為這些事而疑惑、難過或不安的話，那麼天使的哀歎，也就是我們的哀歎：「已經七十年了，還要到幾時呢？」

我們當如何理解「七十年」這數目？首先，以「七十」作為一個實數來看，這「七十」有兩個可能的解釋：(一)猶大人被擄的年期，或(二)聖殿被毀的年期，以後者較有可能。若聖殿於公元前五八六年被毀，那麼七十年後就是公元前五一五至五一六年。這年期的計算相當準確，反映先知對此十分留意。另一方面，「七十」相信亦具備了象徵意義，指一段完整的時間，如人的歲數(創五 12，十一 26)。在古代近東的觀念中，「七十」是神對某國發怒施懲罰的期限(賽二十三 15～

17）。所以，經文的「七十」實包含了多方面的意義。按此背景來看，使者的哀歎有很深的意義：神還要對猶大發怒到幾時呢？神的憐憫在哪裏？祂豈不是有豐富憐憫的神嗎？為何至今仍心存惱恨呢？從一個歷史的處境和困局，天使把問題直接指向神的本性：祂仍是猶大百姓所相信的神嗎？還是祂已經改變了？

天使與耶和華對話的描述，給人如彷置身天上宮廷的感覺，讓凡夫俗子如撒迦利亞和我們，可以知道天上的使者如何為地上的事而「哀歎」。當地上平靜得令人不耐煩，甚至有點不知所措時，天上的使者已經為人的景況與神展開對話。在我們的生命中，如若因某種不理想的境遇持續而感到無奈或無助，或對神的作為也產生了懷疑，這異象可以給我們極大的安慰和提醒。

耶和華的內心

對天使的哀歎，耶和華以「美善的話和安慰的話」回應（13節），這充滿慈愛的舉動，成了異象的轉捩點。這是一幅很美麗的圖畫，表明了耶和華對人的哀歎必不會視若無睹；這立時的反應，流露出了解和體諒，也表示祂對人的處境並非渾然不覺。

耶和華所說的「美善的話和安慰的話」，表明祂的心懷，也反映了祂對以色列民的旨意和安排。但這番寶貴的話並非耶和華親自向先知述說的，而是由天使轉述（亞一 13～14）。先知藉聆聽參與天上宮廷中的討論，並得著明確的授權，成為這信息的使者，把所領受的信息向猶人「宣告」（14 節）。這是整個異象系列中，先知第一次，也是惟一的一次，獲得明確的指示去宣講信息。

撒迦利亞要宣講甚麼呢？這篇信息有三部分。信息的第一部分，耶和華「為耶路撒冷而妒忌，為錫安大大妒忌」（亞一 14）。為甚麼耶和華會「妒忌」？對象是誰？對象是「那享安逸的列國」（15 節）。「安逸」有不同的性質或種類：一種是信靠神而得的安逸，另一種是自恃、自以為是的安逸，也就是驕傲；而經文所指的是後者。「列國」恃著自己的力量而「享安逸」，它們在挑戰、漠視神的權柄。這句話在《和合本》的翻譯是「我為耶路撒冷為錫安，心裏極其**火熱**」，讓我們意識到「妒忌」與「火」有關。另一方面，在出埃及記二十章 5 節中，「妒忌」的翻譯是「忌邪」，而該段經文是「十誡」的一部分，所以我們可意識到「妒忌」或「忌邪」是與立約有關的。這些有關「妒忌」的背景和意涵，讓我們很清楚地看到，在撒迦利亞書一章 14 節中，耶和華的話是以聖約為出發點。「妒忌」好像一扇窗，讓我們看見耶和華的內心，與世事所呈現的景況截然不同：

表面上，世界是「安息平靜」的，但耶和華的內心，卻有一團熊熊烈火焚燒著，一點也不平靜。這種不平靜，是因為祂心中對「約」的執著。

我們明白這樣的情懷嗎？耶和華為一羣弱小的百姓，心中火熱。在世上，人對受苦的人漠不關心，有時甚至幸災樂禍，但天地的主不會這樣，祂為了這羣曾經與祂立約的百姓，內心有如被火焚燒。因為有這團火，地上所有弱小的百姓就有盼望。此外，這「火熱亦指向耶和華的惱怒（亞一 15；詳見頁 92）。

這篇信息的第二部分，是耶和華「回到耶路撒冷，仍要施憐憫」，並且聖殿「要重建在其中」（亞一 16）；這是耶和華的「妒忌」所直接產生的效果。「現在」（16 節）指甚麼時候？從哈該書—撒迦利亞書來看，是指聖殿重建奠基的那日（參該二 1）。若我們比較前後的日期，會知道這工程已經展開了好一段日子了。當先知撒迦利亞眼見這些事發生，他有理由相信，耶和華已經按著祂所應許的「回到」耶路撒冷了。可能我們會問：把神的同在與一所有形的建築物掛勾，是明智的選擇嗎？對撒迦利亞而言，這確實是可以接受的，因為若不是耶和華動工，聖殿又如何能夠重建？所以，當重建中的聖殿日漸成形，百姓就能明確知道，神並沒有撇棄他們。耶和華已經「回歸」了。

耶和華「回歸」耶路撒冷，最終而言，並不是指一項建築工程那麼簡單，因為從神學角度看，神的「回歸」，聖殿的重建，是意味著「新創造」。經文說：「準繩必拉在耶路撒冷之上」(亞一16)，所謂「準繩」，除了指建築用的工具外，在這裏還指到新秩序。從接著的異象可知，神所要復興的，是以色列的社會秩序。所以，「復興」所牽涉的，是從根基開始的生命重整和更新。

信息的第三部分，是「耶和華必再安慰錫安，揀選耶路撒冷」(亞一17)。在這裏，關鍵詞是「再」，按原文共出現了四次，除了「再宣告」外，就是「再度繁榮」、「再安慰」和「再揀選」；每次都連接著一個動詞。「再」作為一個副詞，有何重要性？最重要的，就是它表達了一種延續性：從過去延續至今，中間雖然有災難、傷痛，但神的作為仍一路延續著。歷史的轉變、人情世事的轉變，都不能堵截它、攔阻它、或叫它終止。復興，就是神的恩典充滿、澎湃、爆發。先知宣告說：「我的城鎮要再度繁榮發達。」(17節；另參《呂振中譯本》：「我的城市必再漲溢著昌盛興隆的景象」)這是很有意思的宣告，因為翻譯為「繁榮」的詞，本身的意思是「分散」，有時用來形容大暴雨時街道被水淹浸的情況(參箴五16)。若用時下的「潮語」來翻譯，可以用「爆」來表達。那麼是甚麼在「爆發」？就是繁榮「發達」。中文翻譯的「發達」一詞，來自原文「美善」。「美善」所指的範圍廣泛，但有學者指出，在迦南地最「美善」的，其實是雨水。在當地，一年的降雨量不多，所以每一滴雨水都十分珍貴；若沒有雨水，就不會有任何形式或程度的「繁榮發達」可言。

但比「爆發」充沛的雨水更重要、更寶貴的，是耶和華的「安慰」和「揀選」（亞一 17）。不錯，神的面曾經向猶大隱藏，以致祂的百姓猶如進入了寒冬一樣。但現在不同了，神的復興臨到，因為祂要「再安慰」和「再揀選」錫安耶路撒冷。「安慰」表示了耶和華的愛，「揀選」則表示耶和華的信實不變。「已經七十年了」（12 節），但耶和華的愛和信實，始終如一。

耶和華的話，完完整整地回應了天使的哀歎。也讓我們透過這話，可以看見耶和華內心對猶大是何等關切：這民族令祂「火熱」，禁不住要「再」向他們施恩。其次，這話讓我們看到，所臨到的復興是不能用升斗去量度的，因為這復興必然會衝破任何框框或形式。第三，從這話中可見，最期望復興、等待復興的，並非猶大人，而是耶和華神。在這漫長的七十年中，耶和華與這可憐的百姓一同等待，當他們以為祂消失了、離棄了他們的時候，其實祂一直在等待。

總結

雖然在整個異象中，先知都是被動地參與，但其中談話的內容，多少反映了他內心的渴望。筆者相信這位相對年輕的先知，為他百姓的景況而內心沉重。「七十年了，還有多久呢？」這問題在他內心縈繞著，他期望、等候神彰顯祂的作為。

「安息平靜」，是否也可以用來形容我們個人和羣體的屬靈狀況？在我們的處境中，我們應如何領受這異象和其中的信息？首先，這異象是個答案，給予所有心中懷著「要到幾時呢？」這問題的人，不論誘發這質詢或疑問的原因是甚麼。

其次，這答案源自耶和華的內心。先知撒迦利亞所見的第一個異象，其焦點不在人，而是在於耶和華內心的經歷。這是十分重要的，因為復興不在乎人的主觀意願，其出發點不在乎人內心對現狀的不滿，或對一個更光明、更美好的將來的憧憬。復興乃在於神，祂忠於祂的聖約，這是祂要回到這百姓中間的原因。踏上復興之路，首要是看見、明白、認同耶和華的旨意，並接受祂在我們中間所要展開的工作。

第三，對於「活動型」的我們，熱中於策劃、推動、協調、發展、擴充教會事工，這裏有一個很難學的功課，就是聆聽和等候。聆聽發自耶和華內心的呼聲，等候祂按所定的時間動工。在這些異象裏，先知或百姓沒有得到甚麼吩咐，要他們採取甚麼行動，或要完成甚麼工程（雖然聖殿正在重建中）。相反，先知的角色是觀察、聆聽，去領受、去明白，因為他的使命是要把所領受的宣講出來，而他所宣講的，不是內心的理想，而是神所託付給他的話語。他沒有必要作任何行動，因為行動的最終不是先知，而是神。

要重建的是聖殿和祭壇，但更需要被重建的，是一個經歷過失敗和審判的民族。若這民族不經歷真正的更新和復興，那麼神就沒有真正的回歸，而重建聖殿所投入的一切資源和人手，都是枉然。

但在這一切發生之前，我們必須尋找屬於自己的位置。這位置在哪裏？在神的寶座前聆聽等待，正是我們所當站的位置。

禱告

上主啊，祢是滿有憐憫的，也有豐盛的慈愛，求祢使我有信心，抓緊祢所賜的應許。阿們。

思考問題

1. 在這段經文中，哪一句話最能引起你的共鳴？為甚麼？
2. 神吩咐先知撒迦利亞傳講甚麼信息？這信息在哪些方面與你有關？
3. 請你用自己的話和方式，把一章 14 至 17 節重寫一次。

3
作見證的勇氣
「看哪，我要來，要住在你們中間」

撒迦利亞書一章 18 節至二章 13 節

常聽說現代屋苑的居民，關係疏離。相對而言，在上世紀五、六十年代居住在徙置區的人，因為居住的環境所限，可說沒有甚麼私隱可言，但鄰居間的關係有時也頗為密切，各家各戶不時都能發揮守望相助的精神。後來，七層徙置大廈漸漸變成了有圍牆、有鐵閘、有保安、出入要查核身分的屋苑，人際關係也就不再一樣了。不過，這些基於保安考慮的設施，既保障了屋苑內居民的安全，也排除了外人自由出入的機會。有得必有失，這就是人生的常態。

那麼，作為教會，我們應如何與周圍的社區互動交往？讓我們一同透過撒迦利亞書所記載的異象，來思考這問題，並一同尋求神在這方面對我們的旨意。

第二個異象

第二個異象的記述，可以分為兩部分或階段（亞一18～19、20～21）。在這段記載（18～21節）開始之處，先知說：「我舉目觀看」（18節），這讓我們感覺到一種全神貫注的精神，也讓我們覺得先知的警覺性很高。他看見甚麼？他看見「四隻角」（18節）；相信是牛的角。先知不明白這是甚麼意思，所以他詢問身旁的使者，所得答案是：「這是擊散猶大、以色列和耶路撒冷的角」（19節）。在這裏，「角」應該指軍事力量。「四」又代表甚麼？我們無須把「四」作為一個實際「數目」來理解，而應視之為「完整」或「整體」的象徵。所以，在這裏，「四」其實是指特定的一個大國。那麼，在各個可能的解釋之中，「角」最可能的解釋就是巴比倫。

經文繼續記載：「耶和華又把四個匠人指給我看」（亞一20），似乎這才是這異象真正的重點，因為這是「耶和華」特別「指給」先知看的。先知向耶和華提出的問題，反映了他的警覺性甚高，因為他所問的，並非這四個「匠人」的身分，而是他們「來做甚麼呢？」。他警覺到這四個「匠人」之所以重要，在於他們來的目的。

先知所得的答案（亞一21），把這異象的兩部分結合起來。先知所見的「角」是「擊散猶大的角」，即巴比倫。那麼這些「匠人」的目的，就是要「威嚇」和「打掉列國的角」(21 節)。從歷史層面看，這「匠人」是波斯；巴比倫已經被波斯所滅。這強大無比的波斯，是神所差遣的使者，成就祂所定的計劃。在過去，神藉巴比倫來懲罰猶大，而現在，祂藉另一外邦的國來保護祂的百姓。表面上看，這是歷史的變遷，人在其中只能感到無奈，但從屬靈的層面看，這一切都是神的智慧和能力的彰顯。

第三個異象

第三個異象的記述(亞二 1～5)充滿了動感，一方面有不同的使者出現，他們「出去」、「迎著」(3 節)、又「奔跑」(4 節)；另一方面，這些使者間彼此對話，讓我們感覺到一羣使者為著神的計劃和心意，十分忙碌地工作。

這個異象首先叫我們聚焦在「丈量的繩」(亞二 1)。從先知直接向使者發問，可見他已經融入這異象中，自信也比之前多了。先知問使者：「你到哪裏去？」(2 節上)所得的答案是「丈量耶路撒冷，看有多寬多長」(2 節下)，反映了耶路撒冷是這異象的焦點所在。正當這使者「出去」工作，有另一名使者「迎著他來」(3 節)，並吩咐他要「跑去告訴這個年輕人」(4 節)

一個信息。這「年輕人」是誰？經文的意思十分含糊，但有兩個可能：(一)先知本人；(二)出現在異象中的使者之一。兩者以後者較可取，而最合適的人選，就是那要量度耶路撒冷的使者。

有甚麼信息要傳遞給他？就是要告訴他，量度的工作是沒有必要的。這裏有一個先要解決的問題：為何這使者要去量度耶路撒冷？相信目的只有一個，就是要重建這城，尤其是城牆和城樓。在舊約時代，城牆的確立代表一個國家主權完整；而城樓的建立，則表示為這城(主權)提供的保護是完整的。兩者對一個獨立自主的國家而言，都是不可缺少的。既是這樣，為何有信息傳出來，指這行動是沒有必要的？原因有兩個：(一)耶路撒冷的發展繁榮興盛，人口增長，以致城內容不下所有居民，百姓要居住在原有的城牆以外，甚至在城外居住的比在城內居住的人口還多，因此城牆失去了原有的作用(4節)；(二)更重要的，是因為神自己要成為這城的保護(5節)。

當時的猶大

這兩個異象並非事出無因，而是反映了先知內心所關注的問題。當時的猶大已是今非昔比，既曾被巴比倫的毀滅，當時又在波斯政權的統治下。這歷史狀況，在第二個異象中反映出來。一個強權過去，另一個強權興起，強權的興衰輪替，看來是個牢不可破的歷史現實，甚至是「宿命」，但這會阻礙神所要賜下的復興嗎？另一方面，當時猶大的實際面積及人口，均已經較被擄前減少。猶大的精英已經被巴比倫擄到當地，經過了四、五十年的光陰，在巴比倫落地生根，其中有些人甚至可能過著頗為舒適的生活。而在猶大地生活的，則面對著各種困難，景況顯得凋零落索。如此軟弱的猶大，誰來保護？耶和華如何為這百姓帶來「安慰」（亞一17）？這令人擔心的處境，在第三個異象中反映出來。第二和第三個異象的共通點，是耶和華與這回歸故土的猶大的關係，到底如何（二6～13）。

從兩個異象的記載，我們感覺到先知扮演著一個牧養的角色，因為他所問的問題，相信也是當時猶大人所問的問題；而他所傳講的信息，為要解開百姓心中的結。百姓心中是否對神仍有疑惑？若有，他們要領受這兩個異象所帶出的信息。神與當時的猶大的關係，跟被擄前的沒有改變，祂仍是這百姓的主。神要保護這弱小的猶大，免受外邦的「角」的威脅。有學者指出，波斯政府的政策雖然對猶大有利，但不能完全排除一個可能性，就是波斯會因某種原因，重新把猶大分散到各國中。事實上，在大流士一世統治下，確實有這樣的例子，就是有民族因政治原因，被強行遷徙至異地，作為政治懲罰。這些事使猶大覺得毫無保障。針對這樣的心態，神藉著這兩個異象，宣告耶和華視猶大為自己「眼中的瞳人」(二8)。所謂「瞳人」，就是瞳孔，是人身體上最敏感和脆弱的部分之一，若有外物入侵，人會本能性地用手保護它。在這裏，耶和華宣告猶大如祂的瞳孔一樣，祂的視線不會離開猶大，會用盡一切方法保護它免受踐踏和侵害。

在耶和華心目中，猶大佔有一個特殊的地位。

耶和華的臨在

接近這段經文的結束之處，先知記載了來自耶和華的話(亞二10～11)。這是讓人歡欣喜樂的，因為耶和華宣告說：「看哪，我要來，要住在你們中間。」(11節)「住在你們中間」這話，很容易令人聯想到聖殿。耶和華的話以「應當歡樂歌唱」開始(10節)，這會令先知撒迦利亞感到振奮；先知在等待這日，在等待這事，在等待耶和華的「回歸」，他的內心充滿了期待。

耶和華要住在猶大中，表示祂對猶大特殊的揀選。但我們要注意的是，神的臨在並非單單為了猶大，猶大不能獨佔神的臨在。在緊接著的二章11節，耶和華宣告：「在那日，必有許多國家歸附耶和華，作我的子民，我要住在你中間。」耶和華的臨在延伸至普世。本來「作我的子民」表示立約，只限於以色列民，但在這裏，這宣告的範圍延伸到列國，以致在「立約的百姓」中，也有外邦人。在列國中，猶大佔有特殊的位置，因為神「要住在他們中間」，但神的臨在並沒有排拒外邦人，他們也能夠作神的「子民」。這宣告讓我們明白，猶大存在的目的，並非只為了自己，也為了周圍的列國。這個受制於波斯的弱小的民族，成了神與普世的人之間的橋梁。這樣，先知就回應了第三個異象中的問題：猶大於外邦統治的世界中的存在目的是甚麼？這弱小的民族的存在有何價值？

生活中的難處

這兩個異象讓我們看見先知為甚麼難題而掙扎，這難題就是外邦人。自從猶大於公元前六世紀初亡國後，就無可避免要與外邦人一起生活；猶大的精英被擄到巴比倫，無可奈何地要在外邦的世界中生活。在這樣的處境中，他們是一個弱勢的「小眾羣體」，如何能夠繼續實踐本身的信仰，不致被周圍的大環境吞噬和同化？對一些接受同化的人來說，這不是問題。但對那些執意持守本身信仰和獨特性的人來說，這是極大的挑戰。除了文化和信仰，先知所面對的還有政治上的問題：在政治上，猶大這弱小的羣體是毫無保障的，只要政府的策略有變，他們就會在一夜之間從平穩掉到動盪之中，甚至現時所享有的有限度自由也會失去。這與今天世界上一些地區或民族的情況有點相似。在這處境下，這些弱小的羣體的安全又有何保障？

撒迦利亞書記載的第二個異象，教導我們如何看待這問題。先知的宣講讓我們明白，在世上最終惟有耶和華是立約羣體的保障。這些曾經「擊散」猶大的「角」，是在神的「威嚇」之下。先知要我們知道，在這世界中生活，我們無可避免要與周圍的世界互動。在這些互動中，我們似乎缺乏保障。雖然互動的過程不由我們作主，但我們要知道，神的掌管其實凌駕一切；這世上的權柄，不論其性質如何，都在神的掌管之下。

今天，香港和不少地方的教會都面對各種衝擊。例如香港之前發生的「佔領中環」運動，發起人中不乏具基督教背景的，而教會是香港整體社會的一部分，無法迴避面對其中引起的一些問題。又如有關性傾向歧視立法的討論，其引發教內教外的爭議亦甚明顯。事實上，面對這等社會問題，教會不能因害怕爭議而選擇逃避。再加上各種政治、經濟上的挑戰，讓我們有如置身昔日先知的處境一樣。置身於各種權勢之下，誰來保護我們？我們如何在一個充滿張力的環境中，實踐與神立約的生活？我們在這樣的處境中又如何能夠成為鹽，成為光？

回應當時時代

按照第三個異象的信息，先知把「作外邦人的光」的挑戰，放在百姓面前，激勵他們積極負起神所託付的使命。

在舊約中，如何與外邦人相處這事，可見到不同的處理方式。一方面，有主張要與外邦人絕對、徹底地劃清界線的，代表人物或著作就是以斯拉和尼希米。他們為要保持民族的獨一性和獨特性，不惜鼓吹當時的人採取最激進的手段，包括中斷婚姻關係，因而破壞了無數家庭。以斯拉頒佈的律法和尼希米所修建的城牆，代表了這種「不惜一切，劃清界線」的立場。但另一方面，舊約亦記載了相反的意見，提出要與外邦人保持有機的良性互動；既要保持信仰的專一和純正，在社會上亦保持與外邦接觸，對他們持開放而非排斥的態度。這立場可以在約拿書和以賽亞書後半部四十至六十六章，甚至路得記中看到。在這裏，撒迦利亞書的教導，也是這立場的例子之一。

簡單而言，在一個基本上由異教和外邦人主導的環境中生活，先知撒迦利亞教導猶大百姓要承擔「作外邦人的光」的使命。這使命是以賽亞書後半部一個很重要的主題，讓生活在被擄環境中的百姓知道，以色列民的存在並不單為自己，也為著外邦人。神呼召以色列人，是要他們在萬國中，而非萬國外作祂的子民。這是先知撒迦利亞所見的第二和第三個異象的意義所在：猶大的百姓不用懼怕外邦人，因為神自己要成為這百姓的保護(亞二5)。但與此同時，猶大百姓要知道日後耶路撒冷人口眾多，原因之一是有多國的百姓加入其中(二11)，以致城牆——國民身分的獨特象徵——變得毫無作用和意義。耶路撒冷成為一個萬民聚集的焦點，這是從前先知以賽亞所宣告的異象(賽二1～5)。這由萬民，包括猶大人組成的羣體，將要以遵行耶和華的誡命為標記，而在這事上，猶大要起來領導並作帶頭的。

英文字"ghetto"最早出現時，是指那些在歐洲大城市中猶太人聚居的小區，這些小區最早在意大利的威尼斯出現，其後在其他歐洲地方如波蘭也陸續出現。因為猶太人在信仰和文化上，與周圍的居民格格不入，很自然形成了這些小區。這些小區通常有一度圍牆，把它與周圍的社區隔離。這道圍牆起了排斥和自我保護的雙重作用。

由此引伸出另一個詞彙“ghetto mentality”（意即 ghetto 心態），指對外界的事物持懷疑、不信任的態度，也就是「狹隘」、「惟我獨尊」的意思。相信先知撒迦利亞的異象所要針對的，是這種狹隘的心態，以為若要保存猶大人的身分，只能用排外、抗拒、劃清界線的方式。先知要百姓明白，在神所復興的國度中，不能有這樣的心態存在，因為神揀選猶大和耶路撒冷，是要他們成為「光」，吸引外邦人離開異教，進入這立約、得救贖的羣體。即使神的百姓在世界中只屬少數，處於極度弱勢的景況中，但這處境不能成為他們劃地自限的理由。況且，他們的存在，不是單憑他們自己的方法或策略去維持，而是憑著神的權能，以及祂揀選以色列的旨意和目的。這樣，他們就必須懷著信心踏出面對世界的一步，與周圍的世界互動，樹立見證，作「祭司的國度，為聖潔的國民」。

總結

這就是這些異象對教會的挑戰。我們是一個「劃地自限」，只能夠在一個自我設定的範圍內，悠然自得地自我欣賞的羣體？還是一個能夠勇於面向世界，信心堅定，信仰清晰的羣體？從聖經整體的教導來看，在與世界互動的模式上，更為首要的，並非「以斯拉—

尼希米」的模式，而是「作外邦人的光」的模式。這點從耶穌基督對教會的吩咐可以看到。教會的使命，就是要「去！」——離開熟悉的、舒適的、萬事俱備的「耶路撒冷」，走進充滿張力和逼迫的危險的世界，以實踐作基督門徒的使命。

禱告

天父，感謝祢，因為祢與軟弱、無助的人同在。求主眷顧香港的眾教會，賜給信徒能力，能夠帶著勇氣和智慧，站穩真道立場，為主發光。阿們。

思考問題

❶ 若照先知撒迦利亞的教導，教會與這世界應維持怎樣的關係？為甚麼？

❷ 你認為今天的香港教會有自我設限的情況出現嗎？若有，該如何面對？

❸ 今天的香港社會，帶給教會甚麼挑戰？

4

潔淨，新的一頁
「你看，我使你的罪孽離開你」

撒迦利亞書三章 1 至 10 節

在近代史上，有一件令舉世矚目的事。南非政府在結束了白人統治後，成立了一個「真相與復和委員會」（Truth and Reconciliation Commission），處理種族隔離政策時代所遺留下來的問題，讓受害人有申訴的機會，也讓曾參與迫害的人請求寬恕。這委員會的成立，打開了一條通道，幫助南非脫離過去的黑暗，使這國家不用再糾纏在種族的矛盾和衝突之中。

就像南非的經驗所告訴我們的，復興路上最大的障礙是罪惡的存在。若要尋求復興，該如何面對罪所帶來的難題？如何才能解決？讓先知撒迦利亞所見的第四個異象，幫助我們思考這問題。

第四個異象

在整個異象系列中，撒迦利亞所見的第四個與第五個異象，位於異象系列的中心，焦點是祭司和聖殿。我們不要忘記，這些異象的出現，與當時正在重建的聖殿有密切的關係。藉著這一系列的異象，先知教導他的百姓，如何準備好自己進入一個新的紀元，開始新的階段。

讓我們先認識異象中的四個人物：

1. **天使**（耶和華的使者；亞三1）。在這異象中，他似乎是耶和華的全權代表，因為他說話做事，都有著無比的權柄和權威。
2. **大祭司約書亞**（1節）。經文形容他身上穿著污穢的衣服（3節），一副可憐、難堪的樣子。
3. **先知**本人。從5節看，因為他有發言，所以他似乎能直接參與在異象中。
4. **撒但**。在異象中，他正在天使的面前控告大祭司約書亞（1節）。「撒但」是甚麼角色？我們要明白舊約中的「撒但」並非魔鬼或靈界中的惡魔。綜合舊約的記載，我們得出這樣的一個形象：「撒但」就是「控訴者」，或「對頭人」。約伯記告訴我們，「撒但」其實是「神的眾子」，即神的使者之一，出入於天庭中，有監察人行為的職責，當人犯錯時，就向神提出控訴。

這四個人物，在怎樣的場景中出現？從經文的對話，我們可以知道有一宗司法訴訟案正在進行，而發生的地點就在天庭內。

記載這樣開始，「撒但站在約書亞的右邊控告他」（亞三1），會令我們覺得這控訴已經進行了一段時間，我們與先知一樣，是在中途才加入這場辯論的。為何約書亞被撒但控訴？經文沒有直接記載撒但以甚麼罪名控訴約書亞。從所記載的辯論內容，我們大概知道約書亞的罪名與他所穿的衣服有關，因為經文形容「約書亞穿著污穢的衣服，站在使者面前」（三3）。為甚麼約書亞身上的衣服是污穢的？天使（按：舊約中，特別在這個異象裏，天使和耶和華的身分有時會混在一起）對撒但說的話，可以給我們一點線索：「這不是從火中抽出來的一根柴嗎？」（2節）這話有何意思？

這話形容當時的約書亞。作為象徵符號，「火」有「審判」或「淨化」的含義，不過兩者不一定互相排斥，因為「審判」有時候具「淨化」的作用。所以，天使的話道出，約書亞身上所穿的衣服因經歷過火燒，燒焦了和被煙熏黑，所以「污穢」。另一方面，「從火中抽出來的一根柴」也就是「劫後餘生」的意思，形容在極危險的情況下，神蹟地得拯救。這樣，經文形容約書亞是「從火中抽出來的一根柴」，所表達的是約書亞經歷過審判之火的洗禮，也經歷過拯救的奇妙。使者的話道出，撒但只是按著約書亞外在的光景控告他。難怪天使代表耶和華宣告：「耶和華責備你！」(亞三2)因為撒但意在控告剛經歷神的拯救的人。

先知所見的異象，並非天馬行空的想像，其中是有歷史的經驗作為根據。約書亞所經歷的「火」，就是猶大的滅亡。其次，從列王紀下二十五章18至21節的記載，我們知道約書亞的祖父大祭司西萊雅是其中一個於公元前五八六年被尼布甲尼撒處死的人，約書亞的父親約撒答則被擄到巴比倫(代下五15)，學者估計當時他只是一個少年人。約書亞是在被擄時期出生的，單是在外邦之地出生這事實，已經讓約書亞成為不潔淨的，而且這不潔淨是「與生俱來」，無法用任何禮儀方法來潔淨的。這是何等令人悲哀的事！難怪撒但如此理直氣壯地控訴約書亞，因為他既是不潔的人，怎能穿著祭司的衣服？更何況這套衣服是不潔淨的。這樣，他怎能當大祭司？

使罪孽離開

從這小小的歷史回顧，我們明白到身穿污穢衣服的約書亞，是從被擄之地回歸的猶大社羣的代表。這是一個經歷過審判的社羣，但現在這社羣是活在神的救贖和保護之下；神親自為猶大辯護，維護他們，拒絕接受撒但的控訴。然而，這民族的不潔如何能夠除去？這是接著的記載要解答的。

在接著的一幕中（亞三 4～5），撒迦利亞聽見神的使者說：「脫去他污穢的衣服」，意思是「使罪孽離開」約書亞（4 節），然後要為他穿上「華美的衣服」（4 節）。這時候，先知「插嘴」說：「要將潔淨的冠冕戴在他頭上。」（5 節）先知似乎是出於興奮而情不自禁地說出這句話，情況與以賽亞書六章 8 節所記載的先知以賽亞相似。雖然先知的話是「插嘴」說的，但包含了異象中的核心意義。

要明白其中的意義，關鍵在於明瞭祭司的冠冕有何作用。在原文，「冠冕」其實是指「裹頭巾」。這「裹頭巾」是「潔淨」的，所指的不是「清潔」或「乾淨」，而是禮儀上「潔淨」，可於執行職務時配帶在頭上。從出埃及記二十八章的記載，我們知道整套大祭司制服是由七件衣物組成，而這裹頭巾是制服的一部分。經文告訴我們，大祭司的頭巾上有一個用純金做的牌，上面刻著「歸耶和華為聖」，而這金牌用帶子綁在裹頭巾上，是這裹頭巾不可少的一部分（出二十八36～37）。那麼，這裹頭巾有何作用？它的作用是表示祭司「要擔當干犯聖物的罪孽」（出二十八38）。祭司要常常把這裹頭巾帶在頭上，「使他們可以在耶和華面前蒙悅納」（出二十八38）。從這記載，我們明白原來祭司頭上「裹頭巾」的作用，是要表明祭司職責中很重要的一部分，即承擔百姓所犯的罪（參民十八1），使百姓在神的面前得蒙悅納。這是作為大祭司的職責中，最重要的一部分；他有責任背負百姓的罪。

從這解釋，我們知道先知「插嘴」說的話，等於宣告讓祭司約書亞復職。於是，我們見到天庭中的使者「把潔淨的冠冕戴在他頭上，給他穿上華美的衣服」（5節）。這事是出於神，並非出於人，因為有神的使者全程在「旁邊站立」，見證整個過程。

當約書亞戴上這「冠冕」，就表示他已經穿上了整套大祭司制服，再次擔當大祭司的職務：擔當和背負百姓的罪，讓百姓在神的面前得蒙悅納。

赦罪與復興

這異象中的控訴和辯護，是否能夠引起我們的共鳴？我們或許都曾有理或無理地被人控訴，也曾有理或無理地控訴別人。在控訴他人時，我們會感到理直氣壯，但被他人控訴時，我們會感到委屈、受傷害。既然我們都有類似的經驗，就可以很容易進入大祭司約書亞和撒但的角色，也能更深地體會異象中的核心問題——罪。

在復興的路上，罪是一道我們無法繞過的鴻溝。罪給我們的控訴，成為我們難以承受的重擔，把我們壓傷、壓碎。因此，在復興的路上，我們都要正視羣體中的罪，不要嘗試逃避、隱藏或粉飾美化，這是行不通的，因為「撒但」不會放過我們。他會不停地、不斷地在神面前控訴我們。所以，讓我們一同回想：在我們當中，曾因為甚麼事，以致弟兄姊妹彼此之間有嫌隙呢？在我們當中，曾因為甚麼事而觀點分歧，使我們出現黨派？在我們當中，曾因為甚麼事，使我們陷入互相指責、埋怨的混亂中？我們是否已經落在耶穌所形容的，那滑稽、可笑的困局中，就是只見別人眼中的刺，看不見自己眼中的梁木？我們感受到，我們所犯的罪正在控訴我們嗎？因為在不知不覺間，我們扮演了撒但的「檢控官」角色。

在異象中，即使神的使者作出責備，但「撒但」的控訴無疑亦反映了部分事實，因為人的確滿身罪污。試問如此污穢的人，如何能在神面前生活？如何領導神的百姓？如何代表神的百姓？讀到這裏，筆者感到很奇妙。在異象中，先知沒有全程目睹祭司約書亞受控訴的過程，卻肯定目睹神的使者拒絕接受撒但的控訴，駁斥撒但的一幕；或說，神沒有讓先知撒迦利亞全程見證約書亞如何有罪，卻讓他親耳聽見、親眼看見，神的使者的宣告，如何把大祭司身上的污穢無條件地、白白地除去。這就是異象寶貴的地方。有罪是實事，但神的恩典有能力蓋過罪。使者的話充滿了體恤和憐憫，因為大祭司約書亞是「從火中抽出來的一根柴」(亞三 2)，他經歷過災難，經歷過失敗，經歷過傷痛，是「劫後餘生」的一個可憐人。撒但理直氣壯，不會對約書亞的可憐有絲毫同情，只想約書亞被定罪。但神的使者的話卻流露出神對這可憐蟲的憐愛。約書亞確實有罪，但他需要的不是被定罪，而是赦免。若世間只有撒但的控訴，那麼我們當中沒有一個人能有勇氣面對自己。但感謝主，因為神有赦免的權柄，能把這座名為「罪」的大山挪去，用祂自己的權柄和恩典，扶持大祭司約書亞踏上這條復興之路。

神所赦免、潔淨的人，即使撒但手中有盡一切理據和罪證，也不能再控訴他。在神的恩典下，沒有人要再因自己的罪、缺點、過失，受撒但的控訴。先知之所以看見異象，目的在於牧養他當時的同胞，向他們宣告赦罪與復興已從神的寶座臨到他們。因此，我們也要學習按著神的恩典和赦免，彼此牧養，以神的憐憫互相包裹身上的傷口，讓神的赦免成為我們的醫治。在彼此醫治和牧養中，一同領受神所賜的復興。

大祭司的職責

復興，是為更新對神的事奉。那麼，神為這得著復興的羣體將有何旨意和計劃？答案在撒迦利亞書三章 6 至 10 節。這段經文可以分為 6 至 7 節和 8 至 10 節兩部分，兩者的重點分別是使命及組織兩方面。

這復興的羣體，若不想白佔地土，需要肩負甚麼使命？神的使者鄭重地告誡得蒙潔淨的約書亞，要他知道在甚麼「條件」下履行大祭司的職責（亞三 7）。首先，約書亞要「遵行」神的道（7 節）。所謂「遵行我的道」，除了一般性地指順服神的誡命外，還包含更具體的意思，即如何運用律法解決紛爭（出十八 20）。這話暗示大祭司的職責，除了禮儀敬拜方面的，還多加了司法的任務。其次，約書亞要「謹守我的命令」（亞三 7）；「命令」一詞也可以譯為「事奉」（service）。對祭司而言，「事奉」所指的，是與聖殿禮儀敬拜有關的事務，包括清潔、維修、獻祭、講解律法等，這都是祭司原有的工作。

若約書亞滿足了這兩大條件，就可以履行他的職務。這些職務包括：(一)**「管理我的家」**(亞三 7)，原文的意思是「在我家中行判斷」，有司法上「裁決」、「斷案」、「定罪」的意思。有學者認為這話反映在波斯時代，祭司已肩負了法官的角色。因為在波斯時期，猶大不能有自己的君王，因此沒有司法的機制。在這情況下，祭司負起了這原本屬於君王的角色，也間接使聖殿成為一處「審判」的地方。(二)**「看守我的院宇」**(7 節)指兩方面，一方面是維持聖殿的正常運作，使所需用的「燈油火蠟」不會短缺，獻祭用的牛羊也不會缺少；另一方面包括執行聖殿徵集稅收的角色。其中「我的院宇」，即圍繞著聖殿的建築物的「外院」，是公眾地方，一般猶大人可以在這裏聚集，而這裏也是他們可以最接近神的地方。這樣，「院宇」所指的是，在外院範圍內進行的一切事務，包括商業交易和買賣。在這方面，祭司負起了一些原本屬於君王的職責範圍內的事，包括徵集稅收等。

這就是波斯統治時期內，猶大在行政架構上的轉變：大祭司負起了一些原本屬於君王的職責。感覺上，祭司的權力擴大了，會有專權的危險。但先知沒有這種擔心，因為從三章 8 至 10 節可見，這似乎只是暫時的安排，神的旨意最終是要「使我僕人大衞的苗裔長出」(8節)。換言之，這安排是臨時性的，是在波斯統治下一種制度上的調整，只會維持到大衛的「苗裔」出現為止。這話的含義清楚不過：先知期待從大衛而出的君王出現，延續這王朝的統治，也延續已中斷的歷史。這異象中所提出的制度和行政架構，是一個過渡的安排，直到那真正的領袖出現。

先知對此十分肯定，因為神會親自監察和眷顧這事，使之成就(亞三9～10)。這就是經文中所提到的，那塊有「七眼」的石頭的意義。這「石頭」可以指鑲在祭司制服上的寶石，或指聖殿的奠基石。石頭上的「七(雙)眼」象徵神的全知和臨在，而且神要把祂的名字「雕刻」(9節)在石頭上。這一切意味著神要把猶大的罪除去，賜他們新生，神會專注這事，直到它成就。

對一個經歷過患難和失敗的羣體來説，這異象具有牧養的意義和作用，因為這異象把遠景放在百姓面前，作為他們共同等待的目標。這異象所針對的，固然是當時的景況，畢竟在現實中，確實有很多難題需要面對和解決，但神的百姓不能只活在眼前的現實中，他們要有更遠大的目標。因為他們敬拜事奉的神，永遠走在他們前面，他們只要緊隨祂的腳步。

總結

這個異象有很多象徵符號，令我們眼花繚亂，難以完全理解，而其中也包含著相當重要的社會及政治含義。但其中重要的信息，是教導我們明白聖殿重建的屬靈意義：重建聖殿，是一個潔淨的過程，並且隨著聖殿重建完成，猶大百姓的前路給揭開了新一頁。

我們讀這段經文，可能會以建堂或擴堂與聖殿重建作類比。若作這類比，那麼其中有何含義？意義之一是我們不能把「污穢」帶進這新階段。不過，我們只能靠神的恩典，才能如此。

當我們敬拜事奉時，讓我們不要忘記，我們所需要的，是神憑著祂全知全能的權柄，賜給我們的更新和復興。

禱告

天父啊，祢的兒女們都落在罪中，求主拯救。主啊，復興屬祢的百姓，使我們能討祢喜悦。阿們。

思考問題

❶ 你能簡述這異象的內容及意義嗎？

❷ 罪如何衝擊今天的香港教會？

❸ 經文描述的異象，帶給你甚麼啟發？

❹ 這異象與今天的香港社會有何關係？

5

事奉的力量
「看哪，有一個純金的燈臺」

撒迦利亞書四章1至14節

研讀撒迦利亞書的過程中，我們大概已經明白，先知撒迦利亞所經歷的異象發揮著牧養和建立的作用，好預備當時的人面對一個新的政治環境——波斯的統治和大衛家的沒落——並建立回歸的猶大百姓，使他們明白如何在有限的條件下，重拾昔日敬拜的生活。這兩大關注點的匯合之處，是耶路撒冷的聖殿。這聖殿在公元前五八六年為巴比倫尼布甲尼撒所毀，直到撒迦利亞的年代（公元前515年），才著手重建。

這聖殿是第五個異象的焦點，這異象跟第四個異象一樣，都是整個異象系列的中心點。到底它有何信息？

第五個異象

在這異象中，先知看見一個燈臺。先知形容燈臺是純金造的，「頂上有燈座，其上有七盞燈，每盞燈的上頭有七根管子」(亞四2)。「燈座」是一個圓形、無蓋的碗，作用是盛載點燈用的油，而在這個碗的邊沿上有七個捏出來的嘴，作為放燈芯之用，即經文所指的「管子」。「管子」其實不是一個合適的翻譯，因為嚴格上有「管子」的燈臺，即密封式的燈臺，到希臘時期才出現，因此撒迦利亞所見的燈臺不可能是這一類(參《聖經新譯本》作「燈嘴」、New American Standard Bible 作"spouts")。

燈臺以外，先知在異象中還看見燈臺兩旁有兩棵橄欖樹(亞四3)。嚴格來說，原文中「旁(邊)」亦有「(在)上」的意思，所以經文中兩棵橄欖樹的位置，也有點含糊。

經文的敘述到四章5節中斷了，到11節才繼續。而在整個敘述中，我們看見先知反覆詢問天使：「這是甚麼意思？」(亞四4、11、12)天使也反覆地反問撒迦利亞：「你不知道這是甚麼意思嗎？」(5、13節)而先知每次的回答都相同：「主啊，我不知道。」(5、13節)這敘述手法加強了敘事中的張力，吸引讀者繼續讀下去，直至得到答案為止：「這是兩位受膏者，侍立在全地之主的旁邊。」(14 節) 這句話把異象的「謎」解開了。「兩位受膏者」是指當時的大祭司約書亞及由波斯政府指派的省長所羅巴伯，而純金的燈臺是耶和華的象徵，上面七個發光的「嘴」，就是耶和華的「七眼」(10 節)，與第四異象中在那塊石頭上的「七眼」(三 9) 有相同的意義，都是象徵神的同在和鑑察。

從舊約背景看來，這兩棵橄欖樹分別位於燈臺兩旁或上面，一點也不出奇。最好的説明是以賽亞書六章中，先知以賽亞在異象中見耶和華坐在寶座上，在祂之上和周圍有撒拉弗，即神的使者「侍立」(2 節)。所以，先知撒迦利亞所看見的，其實是耶和華宮廷中的情景。

異象的意義

這異象有何意義？為甚麼「兩位受膏者」會侍立在耶和華旁邊？這異象的目的及用意，是要陳述在波斯統治下的猶大的行政架構。先知的信息道出，在波斯的統治下，猶大在行政上出現了一個全新的局面。在被擄前，當大衛家的君王仍然在位，整個國家的行政，包括宗教的行政和管理，只有一個「火車頭」、推動執行者，就是君王。但經歷過巴比倫的災難後，此情不再，在波斯政府的統治下，猶大人必須接受一個現實，就是領導著整個民事和宗教行政組織的，有兩個主要人物，分別是大祭司約書亞和省長所羅巴伯。前者對內，但負責的不只是宗教事務，更包括一些內部的政治和經濟職務，如司法管理和徵收稅項等。後者則要向波斯政府負責，因為他是波斯政府委派的官員。

這情況與很多猶大人所期望的，相信有很大落差，因為在他們心目中，當神要復興猶大國，所指涉的必然是大衛王朝的復興。但現在因現實的因素，這期望變得不可能。在這樣的情況下，猶大需要作出調整，他們需要接受「兩權分立」的格局。

在政治層面上，這是第五個異象所針對的現實需要。而在屬靈上，先知要當時的百姓領受甚麼信息？信息的要點之一，是這兩位領導人——祭司和省長，都是耶和華的僕人或使者，在耶和華的宮殿中，佔有特殊的地位；他們如天上的使者一樣，「侍立」在耶和華周圍。其次，我們需要明白「受膏者」的意思是甚麼。按原文，這裏的「受膏者」與一般人所認識的「（彌賽亞）受膏者」不同；這裏「受膏者」的意思是「膏油之子」（"sons of oil"；另參《呂振中譯本》四 14 註：「希伯來文：新油之子」），從沒有應用在君王或祭司身上，所以經文的用詞提醒了我們，不要視祭司約書亞和省長所羅巴伯是傳統意義上（即被擄前）的「受膏者」。

經文的重點在於約書亞和所羅巴伯與耶和華的關係，而不在於「受膏」。在異象中，代表約書亞和所羅巴伯的橄欖樹，位於象徵耶和華的燈臺兩旁或上面。這幅圖畫給我們一個信息，就是橄欖樹的作用是供應點燈用的油，使燈臺能夠持續地發光；相信這是四章12節想要表達的意思。但另一方面，這兩棵橄欖樹若要維持生長，出產橄欖的話，必須要有光。但光從何來？就是從燈臺而來。換句話說，燈臺與樹，形成了一個「共生」(symbiosis)的關係：彼此供應、互相倚賴。這解釋可能會令很多人感到不安，因為這似乎讓人覺得，神需要倚仗人的供應。不過，異象的意思並非如此。這異象是要說明：萬軍之耶和華是這百姓獨一的主，祂需要合適的領袖帶領百姓；而身為領袖者，必須有耶和華的眷顧、同在、鑑察，才能履行職責。這就是「共生關係」所指的意思。

這種存在於領袖和耶和華之間的「共生」關係，是復興中的猶大所需要的。兩個分權的領袖同時存在，是新鮮的事，百姓需要接受和適應。但更重要的，是在領袖與耶和華之間，應該或必須維持這種互動、有機的關係，才能發揮真正的領導角色，領導猶大的羣體走進新的歷史階段。

對任何一個屬靈羣體來說，這都是真正的挑戰。

今天，在教會中有能力作領導的，大有人在；有才能、有經驗的人才毫不缺乏。所缺乏的，相信是能夠與生命之主建立、維持，甚至發展屬靈「共生」關係的領袖。如約書亞和所羅巴伯，他們能夠「侍立」在耶和華周圍，表示他們能置身神的宮殿，成為其核心一員，能洞察萬軍之主的心意。這兩位領導各有各的使命和任務，但他們共同的目標，是建立一個能在異教政府統治下，仍能持守信仰專一單純的羣體。這兩位領袖，是那位為選民的處境而大發熱心和廣施憐憫的耶和華（亞一 14～17）的彰顯。他們身負歷史的任務，眾心所向，卻必須要從耶和華那裏支取「能源」，才能履行任務。

教會復興，相信少不了領袖的復興。

異象與所羅巴伯

按照經文的敍述，這異象的連貫性被四章 6 至 10 節的內容打斷了。這段加插的內容，相信是為了進一步從另一角度來解釋和應用異象的信息。從經文的開始「這是耶和華指示所羅巴伯的話」（6 節）可知，所針對的對象與前後的經文不同。這段經文把先知的異象，應用在所羅巴伯身上。這樣我們就看見第四個和第五個異象，分別以兩位重要的領導人為焦點和對象。

這段加插的經文，可以分為兩段：四章6至7節和8至10節。經文以「不是倚靠勢力，不是倚靠才能……」(6節)開始，讓人覺得一輪辯論正在進行，而這是反駁的話。經文中出現了哪些人物？共有三人，除了發言者外，還有兩個人物：「你」和「所羅巴伯」。而這其餘兩人似是對立的：「你」代表的，似乎是一個自視極高的人，因為他把自己視為「大山」，但實際上，站在「所羅巴伯」面前，「你」只不過是「平地」。換句話說，所羅巴伯才是真正的「大山」。經文所記載的，就是發言者代表所羅巴伯駁斥「你」這角色的話，或所表達的立場。

但這立場或觀點是甚麼？經文沒有說明，我們只能從反駁的話去推斷。其中一個可能性，是與所羅巴伯的身分或處境，或他所進行的工作——建立聖殿——有關，因為發言者說：「他安放頂上的那塊石頭」(亞四7)。這話明顯與聖殿的重建有密切的關係，所指的是重建過程中一個決定性的階段。所謂「頂上的那塊石頭」的意思，有不同的解釋，至少有兩個可能的選擇：(一)「從前的石頭」；(二)「至尊的石頭」或「首要的石頭」，可能是指「拱石」(capstone)。這兩個解釋不必互相排斥，因為是這塊石的作用，代表了一種延續性：當所羅巴伯「安放頂上的那塊石頭」(7節)，聖殿的建築完成了，但所羅巴伯所建立的，不是一座全新的殿，而是那座舊有的、已經被毀的殿的延續，因為這塊「頂上的石」，是從舊有的聖殿取來的，現在由所羅巴伯放在一個顯赫的位置上，表示新殿與舊殿間的延續性。在古代，這種延續性極其重要，當時的人不會貿然在一個全新的地點建立一所全新的殿宇；沒有延續性的殿宇，就是沒有認受性的殿宇。

故此，反對的人似在質疑所羅巴伯的工作的認受性，而經文為他的工作辯護。辯護的理由並不是所羅巴伯的能力，甚至他作為大衛後人的身分和資格。所羅巴伯是猶大最後的君王西底家的姪兒，所以就血統而言，作為大衛的後人，這點是絕對正確的。但經文所強調的不是這些，而是神的「靈」（亞四 6）——祂的能力和權柄。所羅巴伯所作的，並非出於人意，也不因人的意志而得以完成，惟獨出於耶和華，才能成事。

接著是經文第二部分（亞四 9～10）的信息。在神的眷顧下，必有一事出現：「他們見所羅巴伯手拿石垂線就歡喜」（10 節）。這話不易明白。到底甚麼是「石垂線」？有學者解釋指，它可能是（一）建築時用來量度水平的「線陀」；或（二）存放在建築物地基中的一塊金屬板，上面有時候會刻上銘文，說明建立者的身分和建築物的歷史，而考古發掘亦常常有這類銘文出土。若我們採納第二個解釋，那麼這裏的話便涉及頗為明顯及具體的歷史背景和傳統。從這背景看，經文所強調的，是所羅巴伯必然能夠完成他所開始的工作，因為推動這工作的是耶和華的「靈」，而非人為的「勢力」或「才能」。在神全知的鑑察和保守下，這事必能完成。

靠聖靈成事

今天，我們讀這異象的記載時，我們領受到甚麼信息？這段經文可以怎樣影響、塑造、建立我們的屬靈生命和教會生活？

每一個組織或機構，都有一些規章和守則作為辦事人員的指引；組織層次愈高，其章程應愈完善。不過，話雖如此，我們仍然經常聽聞這些組織出了亂子。這情況帶出了一個問題：制度能否杜絕人的行為失當？制度之所以產生，本身是為了防範人的軟弱，但很多時候，制度的有效性更視乎人的操守如何。因此，人可靠，制度才可靠。既然如此，我們能夠把希望寄託於人為的制度嗎？

雖然與大型行政機關相比，教會屬「低」層次的組織，但問題同樣存在。在教會中，我們似乎信任制度過於信任人。但倘若過多依靠制度，會有一定的危機，違背了教會作為一個屬靈羣體的本質——強調的是應該是「靈」。教會事務能制度化是好事，但要與制度化並行的，是教會信徒，尤其是教會的領袖，在屬靈方面的深化和成熟，知道如何尋求、察驗和順服聖靈的帶領。這是這個異象給我們的提醒和勉勵。

整個異象的記載，讓我們看見屬靈能力的重要性遠超過一切，即使是人為的制度，也必須在屬靈的框架內方能有效運作。若沒有屬靈的能力，人就「一事無成」。那兩棵在金燈臺旁邊或上面的橄欖樹，以及所羅巴伯安放「頂上的石」和手拿「石垂線」，均表達了沒有「靈」的能力，就沒有一事能夠完成的信息。

作為屬靈的羣體，「靈」的能力是我們都要渴慕的。與其相信制度作為行為的規範，不如一同渴慕聖靈的規範。這話聽來有點「唱高調」，似是在形容一個無法實現的「烏托邦」，但作為屬靈的羣體，難道我們不應努力作「屬靈人」嗎？難道我們不應花更多時間等候、操練聖靈的帶領嗎？一個被聖靈充滿的羣體所建立的制度，相信必定比一羣沒有聖靈充滿的人所建立的制度，更有果效。我們各人可能有不同的才幹、能力、經驗，但沒有屬靈的能力作為導引，這些都不完全。

渴慕作領袖的，必須有一顆渴慕聖靈能力的心。

渴慕作領袖的，必須操練對主的靈的敏銳觸覺。渴慕作領袖的，需要知道屬靈的權柄是以甚麼作為根本和依歸；若沒有這識見，更好的才能都無濟於事。約書亞和所羅巴伯是屬靈領袖的榜樣。身為屬靈的領袖，約書亞和所羅巴伯所作的一切，都有來自與萬軍之主的「共生」關係的授權。其中所羅巴伯即使身分低微，甚至能力有限，他的工作卻必定能夠成功，因為有神全備的看顧和鑑察。

無論是一般信徒還是教會領袖，當我們想教會的制度更完善，讓我們也一同渴慕被聖靈的能力充滿。若我們都渴望得著復興，那麼讓我們也渴望自己屬靈的智慧與教會長成的「身量」都一同增長。

禱告

主啊，祈求祢的靈大大復興地上的教會，燃點眾信徒生命之火，願意對主忠心。阿們。

思考問題

❶ 這異象的重點是甚麼？藉這異象，先知撒迦利亞要向當時的百姓作甚麼教導？

❷ 「不是倚靠勢力，不是倚靠才能，乃是倚靠我的靈方能成事」（亞四6），這話對今天的教會有何提醒？

❸ 這異象如何表達「復興」的信息？若要實踐，個別信徒和教會要怎樣改變？

6

接受修剪
「看哪，有一飛行的書卷」

撒迦利亞書五章1至4節

相信我們對「全球最適合居住城市」的調查報告，不會陌生。這類調查會按照一籃子的指數計算，選出哪個是全球最適合居住的城市。進行這類調查的，主要有三大機構：「經濟學人智庫」(Economist Intelligence Unit)、「美世生活質量調查」(Mercer's Quality of Living Survey)和「蒙諾哥最宜居住城市指數」(Monocles's Most Livable Cities Index)。根據「經濟學人智庫」的調查，二〇一八年全球最適合居住的城市是奧地利的維也納，而香港的排名是三十五。這三個調查所考慮的因素眾多，但其中必定包括人身安全和社會穩定的系數；而排名高的城市，其犯罪率也相對較低。

在先知撒迦利亞所見的異象中，「罪」這因素也相當重要，原因容易明白，因為在復興路上，罪是一大攔阻。尋求復興的羣體必須正視罪的真實。

第六個異象

這是先知所見的第六個異象。這異象有它本身的特色：

1. 它充滿了動感，因為先知所見的「書卷」在「飛行」，而它出現的地方或位置是介乎天空和地面之間。
2. 記載的方式上有特別之處。在這異象中，先知直接講述所看見的景象是「有一飛行的書卷」(亞五1)，但先知還沒有問：「主啊，這是甚麼意思？」(如一9、19)天使就問他：「你看見甚麼？」(2節)相信這提問有引導的作用。
3. 更重要的是書卷的大小：「長二十肘，寬十肘」(五2)，即約十米長，五米寬。這書卷是完全張開的，還是捲著的？猶太人的書卷通常左右兩頭是捲著的，在閱讀的時候，右面的就邊讀邊捲起，左面的邊讀邊張開，打開的部分通常約有二至三欄文字。相信在異象中，先知所見的書卷並非完全打開，所以經文中所指的書卷的大小，應是指張開供閱讀的部分。

古代的書卷一般有多長？若以一九四七年在死海一個洞穴內發現的以賽亞書抄本為例，它長約有七米三四厘米，寬二十八厘米，由十七張羊皮縫接而成，上面共有五十四欄文字。相比之下，撒迦利亞所看見的書卷約十米長，與以賽亞書抄本的長度相差不遠。不過，因為以賽亞書本身是一卷頗長的書，未必能代表一般的情況。但在寬度方面，先知所見的書卷寬度，明顯與一般書卷不同。

我們該如何解釋先知所見的書卷的大小？學者提出了兩個解釋，都與聖殿有關。第一個解釋與聖殿的「門廊」有關。根據列王紀上六章的記載，所羅門建造的聖殿分為三部分，從裏到外分別是「至聖所」、「聖所」和「殿的正堂前走廊」（王上六3；《和合本》作「殿前的廊子」），或簡稱為「門廊」（vestibule）。這「門廊」的大小正正與撒迦利亞所看見的書卷相同（王上六3）。這「門廊」有何功能？因為平民是嚴禁進入聖所的，所以學者相信「門廊」是平民最接近聖所之處。若民眾遇上律法的問題或爭訟，需要祭司解決時，他們會來到這「門廊」，等候祭司進行裁決。所以，「門廊」無形中成了猶如法庭一般的地方。這與先知所見的書卷的記述十分吻合，因為從下文我們得知書卷所記載的是律法的條文。

除了聖殿的「門廊」外，異象中書卷的大小，也與所羅門聖殿的至聖所內的基路伯相同。根據列王紀上六章 23 至 26 節的記載，至聖所內有兩個基路伯，「各高十肘」(23 節)。每個基路伯都有一雙完全張開的翅膀，從翼尖到翼尖共有十肘(24 節)。這兩個基路伯是並排面向聖所站立的，加起來的長度，就共有二十肘，也就是聖殿的寬度。我們知道至聖所是安放約櫃的地方，而基路伯就在約櫃兩旁，到底約櫃有何功能？根據傳統，約櫃內收藏了摩西在西奈山從神所領受的兩塊法版。約櫃上亦有兩個基路伯，一方面是作為約櫃的蓋，另一方面也作為神的施恩座。整個約櫃的設計和構思，都象徵神的同在，並且顯示出與神所立的聖約的關係。從先知簡述的書卷內容(亞五 3)所見，相信與聖約有密切的關係。

異象的意義

除了書卷的大小，書卷的內容也十分重要。天使對先知說：「這(即書卷)就是向全地面發出的詛咒。」(亞五 3)所謂「詛咒」，有聖約的背景，所指的是人破壞聖約時會臨到人身上的懲罰或審判，這在促使人遵守聖約的條文上發揮著消極的作用。天使的話引述了聖約被破壞的兩種情況：「偷竊」和「起假誓」（五 2），兩者正好是「十誡」所包含的，即涉及第八（出二十15）、第三（7 節）和第九條（16 節）誡命。這三條誡命涵蓋或應用的範圍相當廣泛。雖然有學者相信第八條誡命所指的是拐帶人口，但在舊約的律法中，總體上也有禁止偷取他人財物的條文。至於第三和第九條誡命，應用的範圍則包括商業交易和司法程序。

從天使的話我們可以想像到，當時猶大社會的狀況，「偷竊」和「起假誓」的事層出不窮。但更嚴重的，是行這種事的人沒有受到應有的審判和懲罰。現在，這巨型、飛行的書卷要把犯罪的人繩之於法。凡偷竊的，必按偷竊的條文受罰；凡起假誓的，必按起假誓的條文受罰。相信這就是經文中「按書卷這面」和「按書卷那面的話除滅」的意思（亞五 3）。因為嚴格來說，舊約時代的書卷只會用一面書寫，不會有「一紙兩面」的情況，所以有學者相信，「面」所指的其實是「欄」，即是先知所見的書卷是張開的，顯示了兩欄文字，一欄寫著有關「偷竊」的條文和懲罰，另一欄則寫著有關「起假誓」的條文和懲罰。

為何天使特別引述這兩類情況？其中一個可能，

是這兩類行動較難用第三者的證供來頂證。一般而言，「偷竊」除非是指拐帶人口，否則既已事成，就較難有目擊證人。至於起假誓，即懷著不誠實的動機起誓，更是難以查記。所以，這些情況下，犯罪的人最容易免受刑責。

這異象的作用何在？從歷史層面看，這異象的信息似乎是針對祭司在司法公義上所扮演的角色，即在波斯統治下，祭司角色的轉變。而先知所見的異象，相信反映了這司法架構的轉變。

從這解釋看來，這異象的信息所針對的是犯罪的問題。罪攔阻著神復興的計劃進行，所以神要設定有效的方法來對付罪。

這異象教導我們，要正視信仰羣體中罪的問題。

羣體中的罪

罪，對信仰羣體所做成的傷害，有時是無法言述的。在聖經中，我們可以找到很多例子。

使徒行傳五章記載了一個例子，可以作為這異象的信息的說明。經文記載教會中一對夫婦亞拿尼亞和撒非喇，相信他們受了當時「凡物公用」的氛圍影響，把田產賣了。但到了要奉獻所得的金錢，亞拿尼亞不知何故「把錢私自留下一部分」（徒五 2），把餘下的拿到使徒那裏，訛稱把全部所有都奉獻了。這事騙得過普通人，卻騙不過使徒。彼得責備他，他立時倒下在使徒腳前，當場死去。亞拿尼亞的妻子不知就裏，向使徒重複了相同的謊言，結果落得同樣下場。

人心實在難以測度，在一個稱得上是「疾風烈火」的時代中，當一切都似在聖靈的掌管下，卻發生了這件令人摸不著頭腦的事。在這例子中，牽涉的罪包括：說謊、虛偽、欺騙，甚至是否抱錯誤的競爭心態，以搏取人的稱讚？（對比徒四 36～37）無論如何，亞拿尼亞和撒非喇的死，反映了他們所犯的罪是何等嚴重。

亞拿尼亞和撒非喇的例子，與約書亞記七章所記載的亞干的故事十分相似。以色列人在耶利哥城大獲全勝後，接著準備進攻艾城。艾城原本比耶利哥城人少（書七 3），但以色列人卻在艾城大敗。他們回到營中細心查察失敗的原因時，發覺原來他們當中有人違反了「聖戰」的規定，偷取了部分「當滅的物」（1 節），即應奉獻歸神的戰利品（21 節）。在這事上，耶和華向約書亞說明他們失敗的原因：「以色列犯了罪，又違背了我所吩咐他們的約，又取了當滅之物。他們又偷竊、又行詭詐，又把那當滅的物與自己的器皿放在一起。」（11 節）

在「聖戰」的處境中，整個軍營的每個人都必須保持聖潔，因為當聖戰進行，神會親臨百姓中，因此聖潔是必須的（書五15）。亞干的行為不單是偷竊，更干犯了神的聖潔。罪在軍營中形成，百姓就落在失敗中。

第三個例子，是貴為一國之君，被稱為「合神心意的人」（撒上十三14）——大衛。在撒母耳記下十一章，我們看見大衛如何接連犯下「十誡」中「不可殺人」（出二十13）及「不可姦淫」（14節）兩大誡命。他看見了烏利亞的妻子拔示巴，就貪戀她，把她奪去，據為己有。當拔示巴派人通知大衛她有了身孕，大衛就想製造機會，使烏利亞與拔示巴同房，企圖藉此掩飾他的惡行，但烏利亞實在忠心和耿直，使大衛的計謀無法得逞。大衛無計可施，做出了一件十分可恥的事。他寫了一封信給軍隊的元帥約押，吩咐約押設計令烏利亞死在戰場上，並且竟然託烏利亞把信親手送到約押手上。自此以後，大衛家就永無寧日。君王的家沒有安寧，連帶整個以色列國也沒有安寧。若不是耶和華忠於祂自己對大衛的承諾，這國早就被罪惡的浪潮淹沒了。

這些例子說明了一點，對信仰羣體來說，最大的敵人並不是外面的敵人，「敵人」是在羣體裏面的——這「敵人」就是罪。

給我們的提醒

先知的異象宣告，神要從猶大羣體中把罪惡除去。在這點上，他與被擄前的先知一脈相承。那麼，這異象對我們又有何提醒？

它提醒我們要檢視，我們的羣體生活中是否容許罪惡存在。我們無法知道撒迦利亞時代猶大的犯罪率的高低，但倘若以賽亞書五十六至六十六章是個指標的話，情況可並不樂觀。但比實際罪行更為嚴重的，是「偷竊」和「起假誓」所反映出來的人生活中的虛偽。「偷竊」的人出於貪婪，沒有約束內心的慾望。「起假誓」的人，口中常常提說神的名字，卻是以敬虔的外貌來掩飾內心對神的輕視，甚至漠視。在這些人的生命中，早已經把神拋諸腦後。這異象提醒我們，要檢視我們當中是否有虛假存在。

這異象又提醒我們，我們的生活需要由神的話語來修剪。正如耶穌臨別前對門徒所說的話：「凡結果子的，他就修剪乾淨，使枝子結果子更多。」（約十五2）我們可以想像，葡萄園的主人懷著極大的期望，逐一修剪園中的葡萄樹。園中的每棵樹都經過他悉心挑選，每棵樹都滿載著他的期望。園主懷著愛，也出於愛，來修剪這些葡萄樹。園主用甚麼修剪的工具？請看耶穌的話：「現在你們因我講給你們的道已經潔淨

了。」（3 節）

在這個晚上，一個由十二人組成的羣體正面臨重大的挑戰和考驗，因為他們當中有一個人心懷不軌，要出賣耶穌。耶穌講這番話時，這人已經離開這門徒的羣體，把計謀付諸實行。這樣，他把自己剔出了這蒙揀選的羣體，他被「修剪」了。罪惡，不能存在於蒙揀選的羣體中。

這異象提醒我們，神的心意是要建立一羣大能的子民，在波斯帝國的統治下，作永生神的見證；這羣子民的能力，來自與神所立的聖約。「偷竊」和「起假誓」，以及相關的懲罰，明顯指向聖約和聖約的關係，而聖約正是這羣體存在的基礎。神所立的約，在他們當中仍然有效。神宣告說：「我要把這書卷送出去」（亞五 4），意味著聖約雖曾因人的罪而荒廢，但神沒有放棄這聖約，沒有終止這聖約。當選民的羣體要領受復興，就是要重新建立聖約的時刻。先知耶利米說：「看哪，日子將到，我要與以色列家和猶大家另立新的約。」（耶三十一 31）這約之所以「新」，是因為「約」並不是寫在石版上，而是寫在百姓的「心」上（33 節）。藉這約，神要使這羣曾經離開祂的百姓，重歸自己名下。撒迦利亞宣告，神要復興這羣子民，要他們從聖約中得著能力，在波斯帝國中活出神的見證。這就是他們的大能。既然如此，猶大這羣體又怎能容許罪惡存留在他們中間？

這提醒我們：離開了神和祂的聖約，我們甚麼也不是。為了神的聖約，我們要把罪從我們中間除去。但我們如何才能將罪除去？歌羅西書三章有很適切的提醒：「所以，你們既是神的選民，聖潔、蒙愛的人，要穿上憐憫、恩慈、謙虛、溫柔和忍耐。倘若這人與那人有嫌隙，總要彼此容忍，彼此饒恕；主怎樣饒恕了你們，你們也要怎樣饒恕人。除此以外，還要穿上愛心，因為愛是貫通全德的。你們要讓基督所賜的和平在你們心裏作主，也為此蒙召，歸為一體。」（12～15節上）

先知在異象中所見的書卷，可在神的百姓中發揮淨化的作用。讓我們也接受神話語的修剪和潔淨，從神手中領受生命的復興。

願主憐憫我們。

禱告

聖潔的主，求祢塗抹我的過犯，除去我內心的污穢，使我得著更新。阿們。

思考問題

❶ 罪帶給信仰羣體甚麼影響？

❷ 信仰羣體可以怎樣面對罪？

❸ 這異象給你甚麼挑戰？

7

丟棄偶像「要把罪惡除掉」

撒迦利亞書五章5至11節

二〇一三年六月二十五日《明報》的「國際版」刊載了一篇趣味新聞：「特技人行鋼線穿越大峽谷」。這名特技人名字叫瓦倫達（Nik Wallenda），他在沒有任何安全網和繫索的保護下，用了不足二十三分鐘走過離地四百五十七米、長四百二十七米的鋼線，成為走鋼線橫越美國大峽谷的第一人。在終點接受訪問時，他說：「我全程全神貫注。」可想而知，若他的心不專注，或心神恍惚，他就會跌落萬丈深淵。

在人生路上，有時生死存亡，只在乎心是否專一。

這就是第七個異象的信息。

第七個異象

驟眼看來，這異象的內容頗為奇特。首先，它在結構上劃分為五章5至8節和9至11節兩部分。其次，在開始時，天使吩咐先知說：「你要舉目」(亞五5)，這與其他異象明顯有分別。但在9節，亦即記載的下半部，開始時先知敘述：「於是我舉目觀看，看哪……」似乎又重返其他異象的模式中。

這異象中，有兩處惹人注意，一是「量器」，其原文音譯是「伊法」，由一個鉛製的蓋蓋著。二是在這「量器」內有一個「婦人」。當兩者合併在一起，就產生了一種令人驚訝、詫異的效果。

舊約中，「伊法」可指穀物的容量單位，如麥子(得二17)，也可以指盛載穀物用的器皿。到底一「伊法」有多少？一般而言，學者估計由二十二至三十六公升不等。根據撒母耳記上十七章17節的記載，大衛作為一個年輕人，可以手拿「一伊法烘了的穗子和十個餅」。所以若論重量，估計一「伊法」的東西並不是十分重。作為「量器」，體積也不會很大，應該難以容納一個成人，即使是一個身材較細小的婦人。這是異象中最令人詫異之處。這景象有何意義？

正如撒迦利亞所見的其他異象，有部分內容不時語帶雙關，在第七個異象中可能也有同樣情況。舊約學者特別留意希伯來文「伊法」一詞的字源，是來自蘇美爾文，指專為神而建設的廟宇。在古巴比倫，廟宇形狀有如一個多層結婚蛋糕，由底而上，一層的面積比一層小。這類建築在蘇美爾文稱為「伊帕」（E-pa）。這個字後來傳入閃族語系，包括希伯來文中；「伊法」就是由這蘇美爾詞彙而來。所以，「伊法」的希伯來文除了用來表示容量或容器，亦指聖所，尤其是聖所中供奉神像的小房間，即神龕。異象中的容器和容器中的婦人，似乎是要表達異教「聖所」這觀念。

若這解釋正確，那麼這異象的焦點——異教及偶像敬拜的影響——就很清晰了。

異象的意義

在異象中，先知看見天使打開容器的蓋，把一個「婦人」推或「塞」進「量器」中，並宣告説：「這是罪惡」（亞五 8）。這事有何意義？

原文中，「蓋」也可理解並翻譯為「砝碼」（weight），相信這是經文所要表達的意思，因為五章 8 節「鉛蓋」的原文是「鉛石」（stone of lead，或 lead-stone；另參 Young's Literal Translation 譯為 "weight of lead"；《呂振中譯本》作「重的鉛片」），亦即是「鉛砝碼」。舊約學者相信這「砝碼」的重量單位應是「他連得」(talent)。今天我們較難準確地計算舊約時代一「他連得」的重量。一般而言，一「他連得」約有三十至三十四公斤。由此，這般重的一塊「砝碼」，一個普通人是難以舉起或移動的。所以，當「婦人」被推入「伊法」中後，會被囚禁其中，無法脫身。

為甚麼天使稱在「量器」中的婦人為「罪惡」(亞五 8)?舊約中，「罪惡」一詞共出現過十三次，惟獨這裏有「那罪惡」(the wickedness)的意思，即所指的不是一般的罪，而是指特定的一種「罪惡」。舊約中，「罪惡」所指的可包括民事、道德及宗教上的「罪惡」，但亦可特別指「拜偶像」(申九 4；瑪一 4，三 15，四 1)。所以，看來異象中的婦人是偶像敬拜的象徵。在這背景下，稱呼容器內的婦人為「罪惡」，有把抽象的觀念具體化、擬人化的作用。我們也因此可以明白，這「量器」和婦人要被帶到巴比倫(示拿地)去的原因：偶像敬拜，作為社會的一種現況，將會從猶大社會中被除掉。另一方面，被擄的猶大人陸續從當地回歸猶大，把量器內的婦人帶到巴比倫，有平衡、對稱的作用。在那裏，有一個特定的地方安置這容器，有為它建造的一所房屋，就是廟宇。在廟宇內有一個「臺座」，專為安置這容器和其中的婦人而設(亞五 11)。

這容器和其中的婦人，是由另外兩個婦人帶到巴比倫去的。她們各有一雙翅膀，「如同鸛鳥的翅膀」(亞五9)，而在她們的翅膀中「有風」(五9)，即是她們正在飛行。舊約時代的人對鸛鳥的習性似有認識。如在耶利米書八章7節，先知耶利米知道鸛鳥是季候鳥，在春天會向北飛，離開迦南，到秋天就是從北向南飛，進入迦南地。鸛鳥的特徵是那雙巨大的翅膀；一隻長成的鸛鳥完全張開雙翼時，長度超過三米。因此，由這兩個婦人把容器帶到遠方巴比倫，最適切不過。

但這兩個「婦人」是誰？舊約中，最常見的「人鳥合體」角色，就是基路伯，他們有人的臉孔，有鳥的一雙翅膀。在舊約的象徵中，基路伯可以代表能動性，尤其是神的能動性(詩十八10；撒下二十二11)；神不受空間的限制，因此可象徵神無處不在的屬性。但舊約的基路伯基本上是「男性的」，而經文中的則是女性，這如何解釋？這問題沒有一個公認的答案。一般而言，學者相信這情況與異教文化有關。一方面，若由事奉耶和華的基路伯把象徵偶像敬拜的婦人及容器帶到巴比倫，似不適合。另一方面，因為經文形容這兩個婦人有如同鸛鳥的翅膀，相信可能是一種擬人法的表達。但無論如何，這兩個婦人除了運送容器和婦人到巴比倫，其角色就沒有其他特別指涉。

當我們了解了異象各部分的意思，就能明白這異象所宣講的信息，是要把「罪惡」，特別是偶像敬拜的「罪惡」除去。在神所復興的猶大中，不能再有偶像敬拜。

偶像敬拜的禍害

對猶大來說，偶像敬拜的禍害，可說是令他們「刻骨銘心」的。某程度上，以色列民族的歷史，可以用偶像敬拜來劃出一個弧度。不是嗎？他們的祖先亞伯拉罕是在一處敬拜偶像之地——迦勒底的吾珥，得神的呼召，離開這「偶像堆」。耶和華應許與亞伯拉罕建立彼此專一的關係，使亞伯拉罕得福，但亞伯拉罕要承諾，除了耶和華以外，不再承認別神的權柄。亞伯拉罕雖不致否定別神的存在，但在他的生命中，以及在他後裔的生命中，別的神再也沒有地位，沒有支配他們的權柄，因為他們已經是屬耶和華的。但可惜，亞伯拉罕的後裔進入迦南地後，被偶像敬拜所纏擾，以致他們的國先後被敬拜偶像的亞述和巴比倫所滅，人民分散到天下四境。他們原本是從敬拜偶像的地方出來，經過千百年後，還是回到偶像的國度去。以色列人的「成」，是因為能夠脫離偶像的吸引；以色列人的「敗」，是因為他們無法脫離偶像的吸引。

先知撒迦利亞所背負著的，是這段沉痛的歷史。藉著第七個異象，他宣告聖約之主耶和華要施行作為，把偶像從得復興的猶大中，完全除去。這異象反映出在撒迦利亞的時代，偶像敬拜仍是一個令忠於耶和華的人頭痛不已的問題。讀以賽亞書五十六至六十六章，我們可以感受到在波斯時期的猶大地，充斥著各樣偶像，可見猶大人那時仍被偶像吸引。當他們的心被捆綁，神又如何能為他們打通復興的道路？其中一個令偶像敬拜如火燎原的原因，是有很多回歸的猶大人把在巴比倫所娶的妻子帶回猶大地，異教的風俗由此繼續籠罩著猶大地。具體處理這問題，要等到以斯拉和尼希米的時期，才真正開始。但在撒迦利亞的異象中，已經為此事奠下了基礎。

罪惡，尤其是偶像敬拜，是復興的路上一個重大的障礙。

專一歸向神

這異象告訴我們甚麼？它告訴我們，在復興的路上，我們所需要的是一顆專一的心。心不專一是屬靈成長其中一個大毛病。這異象告訴我們：要警醒、守望，甚至要行動，因為知道四周有各式各樣的誘惑包圍著我們。

在二〇一三年，世界媒體大亨梅鐸與結婚十四年的第三任妻子，華裔的鄧文迪宣佈離婚。據美國《紐約時報》，梅鐸與鄧文迪早已經「分道揚鑣」。但令人大感意外的，是梅鐸在毫無先兆的情況下，向法院提出離婚，連鄧文迪本人也不知情。為何結婚十四年的夫妻關係一下子就破滅？當然，冰封三尺絕非一日之寒。導致兩人離婚的，不外幾個原因：性格不合、婚外情和經濟利益。其中尤其令鄧文迪不滿的，是梅鐸拒絕給予兩人的兩名女兒，在家族信託基金中有投票權。

當人的愛牽涉到利益，結果是破碎。愛的火花可以變成一堆冰冷的灰燼。在信仰和屬靈上，當人對神的愛也牽涉利益，結果就使聖約變質，神由主宰，變為人所操控的偶像。

站在信仰的角度，與神立約就如向丈夫以身相許那樣神聖。在「十誡」中，第一條誡命這樣吩咐：「除了我以外，你不可有別的神」(出二十3)。誡命中的「有」不是指「擁有」，而是指「歸於」或「屬於」，有婚姻關係的暗示。但以色列和猶大從來沒有真正像一個貞潔的妻子那樣，「歸」神所有，因為他們內心追隨太多偶像了。

在曠野中，他們關心飲食和衣服，因此神成了他們的差役，要按時供應食物和食水。入迦南後，他們雖是小國，卻常常周旋於各大國之間，有時某大國如巴比倫為抗衡亞述，會向猶大表示友好，他們就受寵若驚，心高氣傲（王下二十 12～13）。有時候，當敵國大軍壓境時，他們為要討求強國的支援，就不惜將耶和華的殿讓出，作為代價，連獻祭給神用的燔祭壇也要讓位，好騰出空間來供奉異國的偶像（王下十六 10～20）。有學者認為，亞哈斯這樣並不是完全被動和勉強的，而是他本人已經因外邦偶像而心動，才會用君王的權柄，在耶和華的殿內作出重大改動，視這殿如他個人的產業一樣。

這些例子告訴我們甚麼？就是我們對神的忠誠，脆弱不堪。有任何風吹草動，最先被犧牲的，是對神的專一，因為我們在不利於己的時刻中，最先拋棄的，往往就是我們的神。

請檢視你的內心，你尊崇神較多，還是利用神較多？你對神的尊崇仍然停留在解決問題、供應所需的階段或層次上嗎？若然如此，你對神，跟你對一眾偶像的心，有何分別？人湧去黃大仙祠，不也是為求衣食豐足，一帆風順嗎？你有想過，你可曾明白，神所期望的，遠不只為你排難解憂？你可有想過，神最想要的，不只是為你解決煩惱，而是更多更深的愛？難道神會因為可以替你解決難題，就心滿意足？

總結

談到屬靈的復興，相信經驗最深刻的，必然包括使徒彼得。他曾轟轟烈烈地向主承諾，即使全世界的人都離棄主，他絕不會如此；他若要死，也要死在耶穌身旁。彼得的決心，有身上為保護耶穌而帶著的刀為證（約十八 10～11）。但言猶在耳，話音還在空中飄蕩時，他又信誓旦旦向全世界說：「耶穌是誰？我不認識祂！」這樣一個人，還能為耶穌做甚麼？但耶穌偏偏不肯放棄他，在那個清晨，在加利利海邊，彼得勞碌了一整個晚上都毫無所獲時，耶穌再次踏入他的生命中，帶給他復興。你記得耶穌所賜的復興如何臨到彼得嗎？耶穌問彼得：「你愛我比這些更深嗎？」（二十一 15）過不多久又再問：「你愛我嗎？」然後又再問：「你愛我嗎？」（16、17 節）令彼得感到尷尬、不安。

耶穌的問題：「你愛我比這些更深嗎？」如刀鋒一樣鋭利。對彼得，對我們，最大的考驗和挑戰是「比這些」，多少人因「這些」而跌倒、後退、失落。很多人願意愛耶穌，卻過不了「這些」的一關。感謝主，彼得通過了，因為他的確愛耶穌「比這些」更深，所以他得著了復興，成為教會的磐石，又配手拿天國的鑰匙。

因為他能夠專一地愛耶穌，到一個連性命也不顧的程度。他把生命中的最後一個「偶像」，就是他自己也丟棄了，以致他能完全專注、專一地愛那位呼召他，又為他捨身的耶穌，得著復興。

願主光照我們，讓我們知道在生命中、心底裏，仍收藏著甚麼偶像，好讓我們為主的緣故，將偶像丟棄，領受主所賜的復興。

禱告

天父啊，幫助我們愛祢，幫助我專一地歸向祢。主啊，我願倒空自己，尊祢為主，忠心跟隨祢。阿們。

思考問題

❶ 你能說出這異象中各種的象徵嗎？

❷ 這異象令你印象最深刻的是甚麼？

❸ 生命中最吸引你的偶像是甚麼？為得著復興，你願丟棄它嗎？

神仍掌權「在北方安慰我的心」

撒迦利亞書六章1至8節

香港一些教會增長不斷，又積極擴展事工，在一片興旺的氛圍中，不少教會會考慮擴堂或購堂等。這現象予人「復興」的感覺。但另一方面，亦有教會因為擴堂而引發內部爭論，例如其中一個重大的問題，就是擴堂是為了可以容納更多人，還是有其他需要或目的？擴堂是復興的一個指標嗎？

我們來到這卷書的最後一個異象時，先知對我們這些熱中於發展的教會、信徒有何提醒？先知撒迦利亞所經歷的最後一個異象，其信息何在？

第八個異象

讓我們先嘗試了解先知看見的是甚麼。與第一個異象一樣，先知見到馬匹，但與第一個異象不同，這四匹馬各拉著一輛車（亞六1）。換言之，先知所見到的，是套上馬的戰車。在第一個異象中，先知在夜間茂密的樹林中，看見有馬匹，上面騎著人，這景象反映波斯時代的密探制度。這些神所差遣出去的「密探」，正在向耶和華的使者匯報。在第一個異象中，這圖畫所表達的，是神的全知。在第八個異象中，先知看見四種顏色的馬匹，套上了車，向東、南、西、北四個方向出發，所表達的是神全能的屬性。

對聖經的讀者來說，戰車並不陌生，因為它經常在記載中出現。戰車是一種軍事裝備，衝鋒陷陣時威力強大。古代大國如埃及、亞述、巴比倫等，若沒有戰車，相信所得的領土面積，必定遠比實際的小。所以，戰車的存在就是力量的彰顯和象徵。難怪古代帝王如此嚮往擁有戰車，而戰車也因此成為君王統治和主權的象徵。先知撒母耳警告以色列民有關立王的利弊時，排行最先的，是與戰車有關的各樣配套：「管轄你們的王必用這樣的方式：他必派你們的兒子為他駕車，趕馬，在他的戰車前奔跑。」（撒上八11）雖然戰車在巴勒斯坦的高山上，是不會派上用場的。

從這些記載，我們明白戰車是帝王的象徵，表示主權、權柄和力量。所以，作者也用戰車象徵耶和華的主權和權柄。但這四輛戰車是從兩座「銅山」中間出來的，這又有何含義？讓我們一一解釋：

1. **為何異象中的「山」是「兩座」?** 在古近東，包括迦南的文化中，神的居所是在高山之上，例如巴力的居所是在一座屬他的山上，舊約稱為「巴力洗分」(參賽十四 13)。耶和華則有「錫安山」和「西奈(或何烈)山」。所以，「山」與神的居所有密切的關係。這裏的「兩座山」是一個文化主題(cultural motif)，在古近東及有關太陽(神)的傳統中，是重要的元素。在古近東的圖象中，太陽的出現常被描畫為從兩座山上升起。
2. **為何異象中的戰車是從「兩座山」中開「出來」(或「出發」)?** 答案與太陽的傳統有關。在古近東的宗教文化中，太陽神每日乘著戰車出發。太陽與戰車之間的聯繫，似乎也融入以色列的文化中。在列王紀下二十三章，約西亞王進行宗教改革時，把各式各樣的偶像從聖殿的範圍內搬出來，其中便包括「獻給太陽的馬」和「獻給太陽的戰車」(11 節)。值得留意的是，這輛獻給太陽的戰車置於「耶和華殿門旁」，其象徵意義十分明顯，表示耶和華從祂的居所聖殿乘著戰車出發。所以，這四輛戰車從兩座「銅山」後面出來，表示他們是由神的居所出發；他們是神差派出去執勤的。

3. **為甚麼兩座山是「銅山」?** 一般而言，古代的「銅」可分「黃銅」(brass)和「青銅」(bronze)兩種。「黃銅」是銅(copper)和鋅(zinc)的合金，而「青銅」則是銅與錫(tin)的合金，兩種都十分堅硬，可以製成各樣器皿。「銅」製器皿的特色之一，是它的光亮度；青銅經過打磨後，會發出極為耀眼的光芒。所以，經文中的「銅山」，相信是指陽光照射在這兩座山上所顯出的光芒，令人有看見「銅山」感覺。這亦是第八個異象與第一個異象最明顯的分別：第一個異象是在晚上發生的，整個畫面是陰暗的；第八個異象則是光明的，因為有令人目眩的光輝照耀著。這光來自耶和華的彰顯，因為整幅圖畫都有太陽從東方升起來的感覺，也讓讀者感覺到有如看見晨光初現。以這有如旭日初昇的景象，作為整個異象系列的高潮，最適合和貼切不過。

異象中的戰車

在異象中，這些戰車被天使形容為「天的四風，是從全地之主面前出來的」(亞六5)。「四風」是指天的四方，即東、南、西、北四個方向，亦有「全世界」，甚至「全宇宙」之義。「風」所表達的，一方面是「自由」和「無限制」，另一方面則是「快速」和「能力」等意思。在歷史上，從「平面」看，在整個波斯帝國的版圖中，猶大地位處西部邊陲，並非帝國的權力中心，但在信仰的「立體」層面看，猶大地是神國度的核心，祂的使者是從這地、從神的居所中出發，前往地的四方，執行神的吩咐。在整個異象中連續出現的四輛車、四種顏色的馬匹、四風，毫無疑問能清楚表達出神的全知、全能和無處不在。而且，最重要的是，「全地之主」正在忙碌地按著所預定的計劃，來「復興」祂的作為，重新建立新的立約羣體。

先知在異象中看見這些戰車隊伍魚貫出發，去到指定的地方執行任務（亞六6）。但很奇怪，經文只記載「套著黑馬的車往北方之地去，白馬跟隨在後；有斑點的馬往南方之地去」（6節）；四隊中的三隊出發了，而且只記載往北方和往南方的隊伍，其餘的就沒有提及。這又如何解釋？

經文雖然提到「四風」，但實際上只集中在「北方」，整段經文的信息聚焦在這個方向。「北方之地」所指的，是巴比倫或波斯。在舊約的傳統中，「北方」常常代表敵人進侵的方向：攻擊以色列地的敵人都是從北方南下的(耶一15，六1、22～23)。此外，「北」也是從被擄之地回歸猶大的人進入迦南地的方向，因為從巴比倫回歸的人，必定會沿著連接迦南地與敍利亞、亞述和巴比倫的國際大道由北至南而行。但到了撒迦利亞書，「北方」已經沒有敵對的意味，這情況與波斯政府的統治有關。在以賽亞書、以斯拉記和哈該書等，波斯帝國並非死敵，如以往的亞述和巴比倫那樣。所以，從神居所出發的戰車並非去作戰。相反，這些戰車是為了確保地上的平靜和穩定(亞六8)。

耶和華的心

「平靜」和「穩定」似是這異象的中心信息。異象的記載結束時，出現了這句話：「他又呼叫我，告訴我：『你看，往北方地去的已在北方之地使我放心。』」(亞六8)在《和合本》，最後一部分的翻譯是「……已在北方安慰我的心」。「他」所指的，不是與先知説話的天使，而是耶和華，這點從説話中的「我的心」可以看見。在整個異象中，都是神的使者與先知談話，講解異象的內容，但到這個異象結束時，也是整個異象系列結束時，説話的不再是神的使者，而是耶和華自己。祂直接對先知説話，可見這話的份量何等重，其內容何等重要。

神要先知知道甚麼？祂要先知知道祂的心（或「靈」）已在北方之地得「安慰」。「安慰」是相對甚麼而言？這話的背景是撒迦利亞書一章14至15節：「我為耶路撒冷而妒忌，為錫安大大妒忌。」在這裏，「妒忌」有「火熱」（或「熾熱」）之意（參《和合本》的翻譯；另參頁19～20）。這「火熱」的其中一個指向，是耶和華的「惱怒」（亞一15上）。為甚麼耶和華心中有一團熾熱的「怒火」？因為列國欺壓祂的百姓（一15下）。從這背景看來，全部八個異象都出現後，耶和華宣告祂的心已得「安慰」，這信息不是很明顯嗎？神的心因為祂的旨意已經逐步成就而得安慰。祂要復興、重整猶大的計劃，正按祂所定的逐步完成。

這些戰車隊伍從耶和華的居所「出發」，到世界各地「依計行事」，表明耶和華的掌管。值得留意的是，在這段經文的原文中，「出」這動詞共出現七次。若加上連續出現「四」這數目，可給讀者「全面」、「完整」的感覺，因為「七」和「四」都象徵「完全」。神的計劃正在全地上展開。昔日的敵人已經不存在，而被擄的人也陸續回歸。在神的看顧和掌管下，全地都已「穩定」下來。

藉著這話，耶和華告訴先知，祂的心已得著「安慰」，那麼先知的心也應同樣得著「安慰」。

給我們的信息

在這個異象中，我們要領受甚麼信息？

讓我們回到第一個異象（亞一 7～17）。在這異象中，騎紅馬的使者匯報説：「看哪，全地都安息平靜」（11 節）時，天使對這「安息平靜」的狀況，反應極為負面。他以哀歌的口吻問耶和華：「你不施憐憫要到幾時呢？」（12 節）從耶和華的回答，可以知道使者的發問是出於對神的誤解。對我們而言，這不是很奇怪嗎？身為耶和華面前的使者，竟然錯誤理解神的作為和旨意。但既然連神的使者也不明白，那麼一個普通人，即使是神所揀選的先知，他的內心會有多困惑，就更可想而知了。從這個角度看，這八個異象的系列，是神對先知的解釋，解釋祂的作為及旨意背後的用意及推動力（dynamic）是甚麼。

當這八個異象結束，我們再問：為何全地都「安息平靜」呢？答案就不再是波斯統治下的四境太平，靠的是人世間的管治能力和魄力（參頁 15～16），而是因為全地都在神的掌管之下；祂的使者其實沒有一刻停止過，沒有停止過在遍地上「巡邏」（亞六 6～7），而且他們都是「急著要在地上巡邏」（7 節）。他們為神旨意的成就，又為自己能成為其中一員而感到興奮，心中充滿了動力和熱誠。在這八個異象中，先知既然被邀請進入神的居所觀看這一切，就自然應該受到感染，要對神的計劃、旨意、掌管充滿信心、盼望和期待。惟獨如此，他才能真正成為神旨意的「代言人」，向當時的猶大，宣講神的旨意。

這個異象與第一個異象一樣，把我們放在一個屬天的高度上看世事的變幻。異象的起步點是神的居所，而所涵蓋的範圍則是全地的每個角落。在當時，這異象的信息可能帶有一些政治意味，因為這異象秉承了先知傳統中一個極深極強的信念：地上的國度是受天上的國度所掌管的，若沒有神的准許，地上的國度必不能強大起來。因此，在這信念下，波斯帝國的強大和穩定，其實是神計劃的一部分；神叫波斯興起，釋放所有被擄、被分散到天下各方屬祂的百姓，又締造外在的、政治和經濟的條件，使聖殿的重建能夠順利展開。

那麼猶大在這計劃中又佔甚麼位置？猶大地雖小，位處波斯帝國的邊沿，在政治上可能起不了甚麼作用，但這裏卻是神治理全地，甚到全宇宙的「基地」。對那些回歸的猶大人，對那些在先知鼓動下，投身聖殿重建的人，他們必須明白這點，才能夠掌握重建聖殿的真義。不然，他們只會覺得重建的工作是個套在身上的枷鎖、不能負擔的重擔，剝奪了他們僅有的資源，卻成就不了任何有意義的事。

世事的變幻有如迷宮，人身處其中，很多時會覺得迷茫、被困，看不見出路而常常不安和懼怕。惟獨當我們攀上屬靈的高峯，才能看得明白，驅走心中的恐懼。今天的香港不再是一個平靜的城市，其中有大大小小的波浪和暗湧。在這城繁華的表面下，不安、躁動、張力不斷地增加。在撒迦利亞的時代，先知渴望明白神要如何復興在波斯帝國管轄下的猶大。在我們的時代，我們要為教會尋問神，祂要如何在這個不安和躁動的城市中，復興教會……

禱告

至聖的上主，賜給我屬靈的眼光，能看見祢的作為，賜我屬靈的觸覺，明白主的心意，使我能夠完全順服。阿們。

思考問題

❶ 第八個異象的信息，對今天的香港和教會有何提醒？

❷ 屬靈羣體得著復興，如何可影響身處的社會？

❸ 如果先知撒迦利亞來到今天的香港，他會宣講甚麼信息？

9

一顆順服的心
「這事必然成就」

撒迦利亞書六章 9 至 15 節

《亞洲週刊》一篇主題文章提到：

> 旺角從來都是很多香港人的最愛，是消費者購買最新潮流產品的集中地。不過，最近旺角街頭最流行的卻是激進政治。粗話咒罵、肢體衝突，成為一些政治人物「消費」的最愛。旺角街頭儼然變成香港政治歷史的分水嶺——以激鬥激，也使沉默大多數面對被少數激進派綁架的危機。（紀碩鳴、劉項：〈香港政治以激鬥激，沉默大多數被綁架〉，《亞洲週刊》2013年8月18日）

這個或許正在「激進化」的香港，使我們明白為何教會要「求復興」。我們可能以為「復興」只是教會內部或信徒個人內心的事，但教會之所以要「復興」，是因為社會需要真理的聲音和見證。

但復興何來？先知撒迦利亞所見的異象，以及配合這些異象所宣告的信息，提醒我們：**復興乃是從順服神的聲音而來**。

神指示的行動

這經文是一段「神諭」。在這卷書所記載的異象系列中，「神諭」曾在二章 6 至 13 節和四章 6 至 10 節中出現。此前這兩個神諭出現的時候，都配合一個異象，以闡明異象如何帶出神的旨意。在這裏，神則透過這段「神諭」吩咐撒迦利亞要完成一個任務。這任務包括一些帶有象徵意義的行動（亞六 10 ～ 11），以及這些行動的説明（六 12 ～ 14）。舊約先知書中，做出帶象徵性的動作是常見的宣講模式之一，先知如何西阿、阿摩司、以賽亞、耶利米、以西結等，都經常在神的指示下做出這類行動。因為這些行動是宣講的一種模式，所以重點是行動所要表達的意義和要傳遞的信息。那麼，神藉著祂所吩咐的行動，要透過先知作甚麼宣講？

就行動的具體內容而言，神給撒迦利亞的指示是十分清楚的；他要在特別邀請的見證人面前，在指定的地點完成神所指示的事。有甚麼人參與這事？經文列舉的參與者，除了先知本人，就是「從巴比倫歸來的被擄之人黑玳、多比雅、耶大雅」和「西番雅的兒子約西亞」（亞六 10）、大祭司「約撒答的兒子約書亞」和一個稱為「大衞苗裔」的人（六 12），而這隱晦的稱呼所指的，相信是當時的猶大省長所羅巴伯。

既是特選者，這些人「入選」，相信有特殊的含義。當中大祭司約書亞和「苗裔」的參與是被動的，因為他們沒有説話或行動，只是讓在場的人把某些事做在他們身上，如接受加冕（亞六 11）和領受先知所傳講的神諭（六 12～14）。其餘的人的角色則較為主動，其中最重要的，是那三個「從巴比倫歸來的被擄之人」（六 10）。因為他們不但遠道從巴比倫而來，而且帶著金和銀作為奉獻。這事有何重要性？

這短短的一句話反映了猶大人被擄期間的一些社會面貌。這三個人是帶著金和銀而來，相信這些財物是他們從巴比倫被擄的人手中收集回來的「奉獻」。從這一點，我們可以想像到，被外邦統治的六、七十年中，有些猶大人在巴比倫已經有一定的經濟基礎和實力。三人中的「多比雅」更成為一個十分顯赫的家族，在「以斯拉—尼希米記」中，常常見到這家族的身影，甚至在舊約以外的文獻中，也可見到這家族的蹤迹。另一方面，這三人必不是普通的「路人甲、乙、丙」，因為他們負責把一定數量的金和銀護送到耶路撒冷，所以他們應該有一定的身分和代表性。相同的情況也出現在「西番雅的兒子約西亞」身上，因為整個行動在他家中進行。雖然我們對「約西亞」所知不多，但相信他亦非等閒之輩，不然如此隆重的加冕儀式，不會選擇在他家中進行。

「黑玳、多比雅、耶大雅」長途跋涉來到耶路撒冷，目的是為重建聖殿作出奉獻。這舉動值得我們思想。這些在巴比倫的猶大人在當地成了成功人士，仍念念不忘應許地上的聖殿。當他們知道重建聖殿的工程展開，就為這事作出奉獻，這是難得的，也顯示了他們雖然身在異邦，心仍繫故土。舊約中，為建造聖所而作出奉獻的例子，如民數記七章，記載了在會幕完成的那天，各族長按著次序，按著日子，把金和銀獻到會幕那裏，整個過程分十二天進行。這裏，三名猶大人代表把奉獻帶到耶路撒冷，亦有類似的意義。聖殿的重建是整個猶大民族的大事，被擄到異邦的猶大人因種種因素，只能以奉獻代替親身參與，這也算是一種民族團結和合一的體現。

神吩咐先知撒迦利亞所做的，是從這些代表手中接收金銀，並用這些金銀做「冠冕，戴在約撒答的兒子約書亞大祭司的頭上」(亞六 11)。原文中，「冠冕」是複數的，所以先知要做至少兩個冠冕。但奇怪的是，經文中只提及把冠冕「戴在約撒答的兒子約書亞大祭司的頭上」。約書亞不可能多戴一個冠冕，那麼另一個冠冕是戴在誰的頭上？對於這點，經文內容似乎有點模糊和混亂。相信較可取的解釋，是按上下文的意思來理解：假設先知兩個冠冕，一個純用金做，一個純用銀做。先知要把其中一個(銀的)戴在約書亞頭上，而另一個(金的)則放在聖殿中「作為紀念」(14 節)。

神吩咐先知所行的，是一個加冕儀式，為大祭司約書亞加冕。在舊約的記載中，大祭司的制服是有「冠冕」的，而在亞倫就任的時候，摩西「把禮冠戴在亞倫的頭上，禮冠前面安上金牌，成為聖冕」(利八 9)。所以，大祭司亞倫經歷過加冕儀式。不過，時代環境不同，所賦予這儀式的意義也有不同。我們不必視先知所行的是一個真正的加冕儀式。即是說，經文記載的不是約書亞的就職典禮。約書亞獲加冕，意義在於他要肩負的任務，其性質和意義都與被擄前的祭司有所不同。正如解釋第四個異象(亞三 1～10)時所指出的，在波斯時代，大祭司不只要處理宗教事務，也要處理民事，包括司法訴訟的事宜。而在第四個異象中，也有一個加冕儀式，不過進行的地點是在天庭內（三 5）。在這裏，先知要在見證人面前為約書亞加冕。這動作帶有肯定的意義，肯定祭司在猶大社會中的角色因應時代的轉變而起了變化，也肯定這變化是出於神的心意。

另一個冠冕如何處置？方法是把它「放在耶和華的殿裏作紀念」（亞六 14），並由「希連、多比雅、耶大雅、和西番雅的兒子賢」（14 節）作為見證人。這不是很奇怪嗎？為甚麼不把這冠冕放在所羅巴伯的頭上？畢竟，他是大衛家族的後人，按理有承接這冠冕的資格。不錯，理論雖是如此，但在現實中似乎不可行，原因也不難明白。因為猶大是波斯統治下的一個小小的省份，所羅巴伯的身分是波斯任命的省長。在這情況下，把冠冕加在他的頭上，豈不是宣告猶大要立王，脫離波斯而獨立嗎？在當時的情況下，這是不可能的。所以，在這敏感的事上，先知不可能這樣行。把本來應該戴在所羅巴伯頭上的冠冕放在聖殿中作「紀念」，是一個折衷性或過渡性的安排。

復興的盼望

這具象徵意義的行動，要帶出甚麼信息？先知要當時的百姓領受甚麼信息？這就是撒迦利亞書六章 12 至 14 節的重點：先知和猶大正等待所羅巴伯或其他大衛的後人，戴上這冠冕的一日來臨。這是神吩咐撒迦利亞要對約書亞所傳講的信息（12 ～ 14 節），也是神吩咐先知所行的事的意義。

這段說話以一個引人注意的感歎「看哪」（亞六 12）開始。這段說話的內容，是關於「那名稱為大衛苗裔」的人。這話在原文的意思是「看哪，有一人，他的名字是『苗裔』」。對這稱為「苗裔」的人，經文有以下的描述，而其中每一項都令人聯想到大衛的後人：（一）他「要在本處生長」（六 12）；（二）他要建造耶和華的殿（12 節）；（三）他要「承受尊榮，坐在位上掌王權」（13 節）；（四）他要與祭司「籌劃和平」（13 節）。這四項描述有我們熟悉之處，讓我們聯想到大衛的王朝。但其中亦有令我們感到詫異的，尤其是最後一項。在猶大國的日子，祭司是在君王之下，因為他是由君王任命的。但這段經文卻說君王與祭司「兩職之間籌劃和平」，明顯有分權卻共治的意思，與被擄前的架構有很大的出入。其中原因何在？相信這宣告反映了一個波斯時期的現實，就是祭司負起了較重要的內部管治的職務，而君王主要是與波斯政府接觸。不過，這政治現實並非永久，因為先知期望舊日的情況會重現。到時，那暫存在聖殿的冠冕，會戴在大衛後人的頭上。換言之，先知所宣告的，是復興的盼望。

但盼望何來？盼望純粹是人主觀的意願，還是有「客觀」的基礎和根源呢？答案肯定是後者，因為這復興的盼望，乃建基於昔日神對大衛的應許（撒下七4～16）。這應許雖然經過歷史的沖擦，卻一點沒有改變，也從未失效。這個被稱為「以色列」的民族，經歷過翻天覆地的變化；昔日的強盛，如今只成了一個淡淡的回憶。這裏的「以色列」，只是波斯帝國邊陲上的一個弱小羣體，正在扎掙求存。但不論歷史如何變遷，神對自己和以色列的承諾，絲毫沒有改變。因此，這復興的信息所宣告的，並非人內心對政治的訴求——神所賜的復興並非為滿足人內心對政治自決的嚮往和追尋，也不是旨在為人提供一條「復辟」的途徑，重拾昔日的光環和榮耀。這信息和異象，與人的野心和期望完全無關。神要猶大聽見的是：歷史時代更迭變化，但神的信實始終如一。惟獨這樣的主宰，才能承載人內心的盼望。

順服與重建

經過這趟八個異象的旅程，神逐步把祂復興的旨意，展現在先知和讀者眼前。到最後，回到一個具決定性的重點：我們對神的「聲音」有多順服？

耶和華說：「你們若留意聽從耶和華——你們神的話，這事必然成就。」(亞六15)「這事」是指甚麼「事」？相信是當時最重大和迫切的「事」，就是聖殿的重建。重建聖殿一事確實十分艱鉅。若讀者曾經歷擴堂，會對其中的複雜艱難處體會良多。整個重建的過程，要經過多少籌劃和準備、各方的配合、人心的團結等，每一項都足以令人心力交瘁。但先知對這一切隻字不提，反吩咐人要「留意聽從」。「聽從」其實也有「順服」的意思，而「留意」是強化「聽從」或「順服」，表達更肯定、更銳意、更完全的程度。

我們要順服甚麼？就是「神的話」。原文其實並不是說「神的話」，而是說「神的聲音」。重建聖殿，在復興的計劃中佔中心地位。但如此重大的工程，如此具影響力的一件事，它得以完成的祕訣是「順服」。在同一個句子中，聖殿的建造與人對神的順服給相提並論，形成了這異象系列對讀者的呼召和邀請。

在歷史中，重建聖殿這事沒發生過多少次。除了撒迦利亞先知參與甚至策動的這次，接著的一次是在公元前二世紀，哈斯摩尼王朝組織下進行。聖殿最後一次重建，是在大希律統治的時期，在公元前二十年開始；到了公元七十年被羅馬第十軍團夷為平地，就再沒有給重建起來。然而，人屬靈的生命，教會屬靈的生命，需要不斷更新，因為我們的生命要不斷被拆毀，才能重新建造起來。這過程，就是復興。

復興是甚麼？復興，若非以「人與神同行」為目的，就沒有意義了。復興，若不是以「神的應許」為動力，也不會得以延續和持久。復興，不是更多活動，更多事工，更忙碌的事務，更繁複的架構，而是對神的要求更敏銳，更專注於神的「聲音」。復興，最終所要達成的，是以神的旨意為我們的心意。不然，復興只會是我們的「野心」的投射。

最終而言，更大的「順服」、發自內心的「順服」，可能就是復興的「核心價值」。因為若沒有順服的心，還有條件談復興嗎？若非出於「順服」，求復興又有何意義？當神的計劃正逐步成就，身為祂所救贖的百姓，除了「順服」，還有甚麼更好的配合方式呢？

禱告

掌管歷史的主，祢的名是應當稱頌的！教導我以順服的心，與祢同行，讓我不致偏離真道。阿們。

思考問題

❶ 這段經文在內容性質上，與上文有何分別？

❷ 神吩咐先知所行的各事，要表達甚麼意思？

❸ 先知所行的，如何將「復興」表達出來？

10
更新和委身
「在五月哭泣齋戒嗎？」

撒迦利亞書七章 1 至 14 節

在你的一生中，哪些日子是你不能、不敢或不願忘記的呢？很多時候，這些日子，對我們的一生都有重要的影響。若然淡忘了，就如同忘掉，甚至否定了自己的身分一樣。

這段經文以一個日子開始。圍繞著這日子的討論，揭示了這段經文的主題：聖殿重建的工程正進行得如火如荼之際，也是百姓要更真誠地自省的時候。

為甚麼提問？

這段經文是撒迦利亞書一至八章的第三部分的開始。第一部分是一章 1 至 6 節，而第二部分是書卷內的八個異象（亞一 7～六 15）。在內容的性質及主題上，首尾兩部分互相呼應，兩者都呼召猶大重返立約的路上，以立約的真實的忠誠回應神的作為。

經文以一個年份日期作開始(亞七 1)。「大流士(或大利烏)王第四年九月……基斯流月初四」，相當於公元前五一八年十二月七日，當時聖殿重建的工作已經開始了兩年(該一 1)，而約在兩年多後(公元前 515 年 3 月 10 日)，聖殿重建完成。經文這裏說「耶和華的話臨到撒迦利亞」(亞七 1)，而上一次神的話臨到他，已是兩年前的事(一 7，公元前 519 年 2 月 15 日)。

神的話為何在這天臨到撒迦利亞？因為在兩名領袖「沙利色和利堅・米勒」的帶領下，一羣人從伯特利來到耶路撒冷，向祭司和先知提出禮儀的查詢：「我當如歷年以來所行，在五月哭泣齋戒嗎？」(亞七 3)經文中的「五月」，相當於西曆的七、八月。「歷年」應該是指從公元前五八六年亡國被擄到那時，因此「在五月哭泣齋戒」這事已經維持了一段頗長的時間。為何要「在五月哭泣齋戒」？若我們翻查歷史，會發現耶路撒冷的聖殿、王宮及城牆，是在「巴比倫王尼布甲尼撒十九年五月初七」，即公元前五八六年被毀的(王下二十五 8～10)；也是這日，被擄時期正式開始。所以在「五月哭泣齋戒」，是為了紀念這重大的「國殤日」。這禮儀在當時已經維持了差不多七十年。

這「代表團」為何要提出這問題？表面上，他們想知道這已經有七十年歷史的紀念日，是仍要保留，還是可以終止。提問的原因，相信與聖殿的重建有關，反映了在他們的觀念中，若聖殿的重建完成，就等於被擄期結束，沒有必要繼續「齋戒」。但是否真的如此？他們不能確定，他們需要獲得授權和肯定。

這當然是一個重大的問題，不然他們不必遠道從伯特利而來。他們所代表的，相信是當時生活在耶路撒冷以外城鎮的居民。這顯示了耶路撒冷在政治和民生上的領導地位。伯特利在以色列民族的歷史中，不是一個普通的地方；它擁有悠久的歷史，與以色列人的淵源，可以追溯到他們列祖的時期。亞伯拉罕曾在這地附近築壇（創十二 8），雅各更在這裏向神許願（二十八 18～22）。伯特利在王國統治時代，屬便雅憫支派的土地；它也曾是以色列國境內一個重要的政治中心（摩七 13）。但在波斯時代，伯特利卻被劃歸猶大省管理。根據以斯拉記二章 28 節，共有二百二十三人從巴比倫回歸到這裏，所以相信當時這城鎮應該享有領導的地位，不然，這代表團也不會從伯特利出發，到耶路撒冷提出詢問。

但經文所記載的不是祭司，而是先知的回應。若是祭司，答案相信只有兩個：（一）「是，要繼續」，或是（二）「否，不用繼續」。經文所記載的，是先知的答案。先知的答案並沒有那麼直接，而是提出了一個引導性的問題（亞七 5～6）。換言之，先知沒有直接回答問題，而是挑戰發問的人要作深入的思想和反省。事實上，先知的答案至撒迦利亞書八章 18 節才出現。先知要求百姓深切自省，用意甚為明顯——在明白這紀念的禮儀是否有必要保留之前，有一先決的條件，就是神的百姓必須躬身自省，弄清楚神的旨意是否落實在個人身上及羣體之中。不然，他們所作的，只是滿足自我心靈的需要（七 6～7）。

為罪哭泣

在一個注重禮儀的處境中，「哭泣齋戒」的意義十分明顯，是為得罪人、得罪神的過犯罪惡而懊悔、傷痛。這種懊悔和傷痛，應該是我們每個人都曾經歷過的。但可能隨著信主的年日漸長，這種為罪哭泣自省的能力，已經逐漸消失。

舊約中有一個為罪哭泣的例子，值得我們參考和借鏡。何西阿書十二章 2 至 6 節記載了有關雅各生平的事迹。「他在腹中抓住哥哥的腳跟，壯年的時候與神角力，他與天使角力，並且得勝。他曾哀哭，懇求施恩。」（3～4 節）最後一句最為特別，它所指的到底是雅各生平中的哪一件事？相信這話所指的，是他與以掃在相隔多年後再見的事（創三十三章）。當兄弟兩人相見，經文這樣記載：「以掃跑過來迎接他，將他抱住，伏在他的頸項上親他，他們都哭了。」（4 節）值得注意的是，最後一句「他們都哭了」，在抄寫傳統中的異文是「他〔即以掃〕哭了」。根據上下文，有些學者會接受這異文為正確的。這一整句句子所描寫的，是以掃的連串舉動，所以「哭」的，可能也是以掃。在創世記的記載中，到底雅各是否有「哭」？ 經文的意思是含糊的。

但何西阿書的經文卻假設雅各有哭，而他哭的原因是「懇求施恩」。雅各「懇求」誰向他「施恩」？當然是以掃。經文中多次出現「恩」這個字（「施恩」〔創三十三 5〕，「蒙恩」〔8、10、15 節〕），成了這段記載的一個主旋律。所謂「恩」，所指的是「饒恕」。雅各重回迦南，其中必須要做的，是尋求以掃的饒恕，因為他曾經欺騙以掃，奪其長子名分和祝福。所以，何西阿書的記載讓我們看見，哀哭與尋求饒恕或赦免，是有關係的。雅各哀哭，是為得赦免。中國人有句話說：「一笑泯恩仇」，若根據何西阿書，我們也可以說，是「一哭泯恩仇」。

舊約中有另一人為罪痛哭，他就是耶利米；而令他痛哭的，是他眼見同胞所犯的罪。耶利米書九章1節這樣記載：「但願我的頭為水，我的眼為淚水的泉源，我好為百姓中被殺的人晝夜哭泣。」因這話，先知耶利米被冠以「流淚的先知」的稱譽。為甚麼耶利米要哭成淚人？因為他愛這些百姓，他關心他的同胞；他的同胞中，有被殺的，他要為他們哀哭，因為他們被殺，如同他自己被殺一樣。這些百姓被殺，本來是不必要的，只因為當時猶大境內完全被罪惡吞吃了。耶利米哭，好像他所愛的這些百姓已死一樣。

先知中，除了耶利米，以賽亞也曾為自己同胞的愚昧而痛哭（賽二十二1～4）。令人詫異的，是當時耶路撒冷城正為成功擊退圍城的敵軍而熱烈慶祝，以賽亞卻獨自一人哭泣，與整個城市的歡樂氣氛極不相稱。他說：「不要看我，讓我痛哭吧！不要因我百姓的毀滅竭力安慰我。」（4節）為何以賽亞要說這話？他周圍的居民不是在慶祝勝利嗎？但以賽亞所看見的，不是眼前的勝利，而是遙遠的將來。對以賽亞來說，「毀滅」是必然的，因為百姓沒有為自己所行的一切痛悔，若這百姓稍微有半點自省的能力，必會明白得以把敵人的攻擊除去，完全是神無條件的恩典，而非人的策略成功。以賽亞哀哭，因為百姓沒有這種屬靈的自省能力，他們注定滅亡。

為甚麼哀哭與得赦免關係密切？因為哀哭代表深切的痛悔。在這方面，「錫安」是一個代表。在耶利米哀歌三章，詩人把錫安擬人化，成為一名哀哭、向神哀求的母親：「我的眼睛流淚不停，流淚不止，直等到耶和華垂顧，從天上觀看。為我城中的百姓，我眼所見的使我心痛。」（49～51節）這位「母親」，正為她那些在戰火中失去生命的「女兒們」痛哭不已。我們知道耶利米哀歌所收集的，是一系列由猶大亡國的經驗而產生的詩歌。這些詩歌不一定在同一時間寫成，但有同一個主題，就是為耶路撒冷的滅亡而悲哀。這些哀歌要表達百姓內心深切的痛悔難過，期望能打動神的心，記念他們，赦免他們，拯救他們。這些詩歌可能源於一些紀念的禮儀，而這些禮儀甚至可能是在聖殿的廢墟中進行的。所以，這些詩歌可以給我們建構一個「實景」，幫助我們想像當時猶大人「哭泣齋戒」的情況。

這些哭泣，這些哀慟，並非只為情緒發洩，或為要抒發壓抑內心的情感，而是為要返回神的懷抱中。能夠為自己的罪哭泣，是走向回歸的一步。我們會為很多事難過落淚，但有多少淚水是為了自己所犯的罪而流？有多少淚水，是出於深切的反省和真誠的懊悔？我們何等需要重新獲得這能力！

自省與忠誠

除了哭泣、哀傷、禁戒食物，還有甚麼讓我們回歸神的懷抱？

這途徑是重建立約的忠誠，或用現代的語言，是重新委身在神的聖約中。聖約有何內容？先知把神的聖約濃縮為兩句話：「你們要按真正的公平來審判，彼此以慈愛憐憫相待」(亞七9)，接著的七章10節是這兩句話的引伸和闡釋。先知告訴我們：立約的忠誠是必須的，因為若單是哭泣、哀傷，卻沒有真正的回轉，以及委身在與神所立的聖約上，所作的一切都變成只是外在的形式，產生的效果是自我陶醉，自己欺騙自己。

先知的話，與被擄前的先知的宣告，如出一轍。撒迦利亞的話(亞七9～14)，是一段審判責備的信息，把焦點集中在人的行為上，目的是要聽眾正視自己在過往這段悲痛的歷史中應負的責任。換言之，他們必須深切自省。這段經文有四大重點：

1. 耶和華所立的聖約對人的要求，是行公義和憐憫(亞七9～10)；
2. 對神的吩咐，猶大聽是聽見，卻不肯聽從(11～12節上)；

3. 猶大的行為，惹了神的「烈怒」(12 節)，結果是猶大亡國與被擄；
4. 經過漫長的七十年，耶和華期望猶大已經從歷史中學會了功課，知道和明白若沒有真實的改變，歷史必然會重演(12 節下～14 節)。

所以，這段話既是歷史的回顧，也是對未來的展望。過去的已成歷史事實，但將來如何譜寫，就要看人此時的取向如何。如果我們也面對這抉擇，我們又會如何作決定？

猶大的失敗，原因之一是缺乏自省的能力和意識，所以無法培養出對聖約的忠誠。經文對人內心狀況的形容，十分生動傳神：「他們卻不留意；聳肩悖逆，耳朵發沉，不肯聽從。他們的心堅硬如金剛石。」(亞七 11～12)這是個連串的、不間斷的、很「順暢」的反應，由「不留意」(原文為「拒絕聆聽」)開始，最後演變成一顆如金剛石堅硬的心。這連串的動作，結合成一套身體語言，清楚地反映出他們對神的訓誨毫不在意，更不會放在眼內。在這連串的動作中，有兩個動作與內心的狀況有關：「聳肩悖逆」和「心……如金剛石」(12 節)。後面的一句相信我們都明白，但甚麼是「聳肩悖逆」？所指的其實是內心的態度，從外在的身體語言反映和流露出來。「肩」當然是倔強、頑強的象徵，但「肩」的意涵也包括「心」，因為根據申命記三十三章 12 節，摩西論及便雅憫時這樣說：「他〔便雅憫〕也住在耶和華的兩肩之中」。「兩肩之中」就是心臟的位置。換句話說，便雅憫名副其實是耶和華的「心上人」。「聳肩悖逆」描寫的，是一種身體動作，讓我們再次看見悖逆由內心發生。

在復興的路上，耶和華期望我們以立約的忠誠來回應祂的作為。猶大人要以此為目標，檢視他們的生命。「你們要按真正的公平來審判，彼此以慈愛憐憫相待。」(亞七 9) 同樣，我們也當自省：這立約的忠誠明顯嗎？穩固嗎？真實嗎？這立約的忠誠正塑造我們的生命嗎？是我們的標記嗎？

總結

聖殿重建的同時，是人屬靈生命的重建，這是我們研讀撒迦利亞書時，所見到的重複的主題。能把已經荒廢了大半個世紀的聖殿重新建立起來，固然是重大的成就（尤其是對當時經濟疲弱的猶大人來說），但尋求復興的人必定不能停留在這裏，以此為滿足。我們還要多走一步，祈求更大的「成就」，達到更高的目標，重建屬靈生命：透過自省和委身，能更貼近神的旨意，因而更能活出神的形象。

禱告

仁愛的主，祢的恩典何等奇妙！主啊，賜我生命的更新，除去我內心的悖逆和剛硬，使我能順服。阿們。

思考問題

❶ 這段經文的歷史處境，你知道多少？

❷ 為何先知如此重視對約的忠誠？

❸ 你會如何培養對神的忠誠和委身？

11

把懼怕除去
「我要回到錫安」

撒迦利亞書八章 1 至 17 節

以色列國在一九四八年五月宣佈立國。但這國家的重建並非始於這年，而是在很久以前經已開始。自中世紀起，陸續有猶太人回到巴勒斯坦居住，開墾土地。近代的回歸潮是在十九世紀開始，在東歐居住的猶太人，為逃避連番迫害，就回到巴勒斯坦居住，特別是在加利利區內。他們在其中建立農業「公社」或「合作社」(Kibbutz)，開墾土地。在一九四八年五月以前，這片土地上已經有數代猶太人留下了血汗，最後才能開花結果，得享收成。

重建是一條漫長、艱辛、有血有汗的道路。這段歷史可以讓我們想到，在撒迦利亞的時代，使滅亡了的猶大重建起來，是何等艱難的事。在這艱辛的背景下，我們更能體會先知撒迦利亞的話對當時的百姓是何等重要。

七個神諭

在上文(亞七 1～14)，先知呼籲猶大百姓要重新建立立約的忠誠。在這基礎上，耶和華宣告祂要「回到錫安，住在耶路撒冷中間」(八 3)，這話對期待和尋求復興的百姓來說，有重大的意義。撒迦利亞書八章 1 至 17 節可分成七小段，每個小段是一個神諭(2、3、4～5、6、7～8、9～13 和 14～17 節)，而每個神諭都是由相同的修辭模式開始：「萬軍之耶和華如此說」(3 節是惟一的例外)。我們先簡單理解撒迦利亞書這七個神諭所宣告的信息是甚麼。

1. **八章 2 節**。這神諭的內容，也在撒迦利亞書一章 14 節出現；在這裏重複出現，有首尾呼應的作用，加強了這卷書前後的連貫性。為何耶和華用「妒忌」(《和合本》作「火熱」)，來形容祂內心因以色列的處境而起的情緒反應？《和合本》的翻譯「火熱」，有「激情」的含義或聯想(參第一個異象，見頁 19～20；另參第八個異象，頁 92)；而《和修》的翻譯「妒忌」，則帶有因愛受到干預或威脅而起的反應的含義。不論我們採納哪個理解，其中都包含一個基本的意義，就是耶和華宣告祂對錫安的愛是熱烈的，是容不下第三者的。這如火一般的愛，推動著耶和華的一切作為。藉著表達祂的「妒忌」，耶和華確立了祂對猶大的愛，比精金更純。

2. **八章 3 節**。耶和華宣告，祂要「回到錫安」定居。既然是「回到」，必是曾經「離棄」，而耶和華的「離棄」，就是猶大百姓的被擄期。從某種意義來說，耶和華回歸耶路撒冷不但是猶大人被擄期的結束，也是耶和華的「被擄期」的結束。那時，作為被擄期完結的象徵，「耶路撒冷」要有新的名字——「忠實的城」作為標誌。「忠實的城」早在以賽亞書一章 21 節出現。在以賽亞的話中，耶路撒冷應該是「忠信的城」，無奈卻成了「妓女的城」。不過，以賽亞也預言，有一天耶和華要把這「妓女之城」還原本相，成為「忠信之邑」（賽一26）。在這裏，撒迦利亞可能是引述以賽亞的話，並宣告其應驗。

3. **八章 4 至 5 節**。先知用當時猶大人最能明白的語言，來解釋和描述「新耶路撒冷」將會是怎樣的一個城市。經文所描述的，並非新奇事物，因為古時任何一個普通人的期望就是這樣：生活不一定富裕，卻能安定，沒有外憂內患。經文中雖然只提及「年老的男女」(亞八 4)和「男孩女孩」(5 節)，但其實意指居住在這裏的所有居民。

4. **八章 6 節**。神透過先知宣告，在神沒有難成之事。甚麼是「奇事」? 就是把看來已經滅亡的一個民族再次興起，使這民族從「死」裏「復活」。「奇妙」所形容的，通常是神自己的作為，是人無法成就或實現的。「奇妙」的事，必定是在人的能力範圍以外，因此其中有「困難」的含義。但神與人不同，祂是成就「奇事」者，祂本身就是「奇事」的根源。

在這書卷中，經文中首次用「餘民」這詞稱呼猶大人(亞八 6)。在撒迦利亞書八章 1 至 17 節中，這稱呼共出現三次(6、11、12 節)。所謂「餘民」，是「餘剩之民」的意思。但把這詞用在猶大人身上，其用意何在？這詞有何意義和重要性？其實，先知撒迦利亞並不是第一個先知使用這詞，最先用的是先知以賽亞(參賽十 20～22)。對先知以賽亞來說，「餘民」是出於神的旨意，要在犯罪的以色列百姓中，為自己留下「餘民」，作為將來復興以色列民的核心。這「餘民」的特徵，是「誠心仰賴耶和華以色列的聖者」(十 20)。當先知撒迦利亞從先知以賽亞的宣講中援引「餘民」這詞,他是肯定先知的預言已經成為事實,即神的審判確實已經臨到,但在這審判的波濤中,神確實為自己的名留下「餘民」,作為復興的核心。

5. **八章 7 至 8 節**。這個神諭説明了「奇事」的涵義:神要從東、西,「拯救」被分散的子民,帶領他們從所飄流的各處,重新聚集在神應許給他們的地上,而在這地上,神要再次建立聖約:「他們要作我的子民,我要作他們的神」(亞八 8)。

6. **八章 9 至 13 節**。前面的五個神諭,整體而言是從宏觀角度宣告神的旨意,內容指向將來。由這個神諭開始,先知開始按當時的處境,以聽眾為對象,把神所宣告的旨意,應用到他們所面對的情境中。經文中「你們已聽見先知的口……所說的話」(亞八 9)間接地引述了別的先知的宣講,相信這先知就是哈該,而所引述的該是記載在哈該書裏的信息。這宣告的背景十分清楚,是聖殿重建的日子。這段神諭以「你們的手要堅強」(9 節)開始,也以「你們的手要堅強」(13 節)結束,明顯是要鼓勵當時的猶大人,不要因為外面的攔阻、物資短缺、人手不足而氣餒，因為重建聖殿是神的旨意。

7. **八章 14 至 17 節**。在神祝福的大前提下，神吩咐猶大人所當行的（亞八 16～17），就是「忠實的城」（3 節）的具體意義。這個神諭的信息是：神所賜的豐盛（12 節），必須有人生命的果子配合。在 12 節，先知說「他們要平安撒種」，這話也可以翻譯為「撒（或播）平安」，即「平安的種子」。「平安」是一個意義十分豐富的詞，基本上所指的是整全（holistic）的狀態。接著的話，「葡萄樹要結果子，土地必有出產，天也降甘霖」，形容的是「平安」的表徵。但「平安」不能只在於生活環境和條件的層面上，也要彰顯在羣體生活中，因為 16 至 17 節所描述的，是另一種「平安」。惟獨當這兩種「平安」並存，復興才是真實的，復興才能持續和延伸。

百姓的景況

倘若先知的宣講是要針對百姓當前的需要，這些需要是甚麼？從經文中，我們可以推想到當時百姓的處境。

先知的話讓我們感覺到，當時的百姓對自己的前途有一定的憂慮。在撒迦利亞書八章4至7節中，先知描繪了一幅令人嚮往的圖畫。在耶路撒冷城中，年老的和年少或年幼的都能無拘無束地生活，樂在其中；這裏所呈現的，是一個健康社會的面貌。根據利未記的記載，以色列社會是按著居民的勞動力來衡量稅款的多少（利二十七1～8），從這段經文，我們可以看見以色列人勞動生產的「黃金時期」介乎二十至六十歲之間；撒迦利亞書八章4至5節所描繪的人，是在正常的日子中不用勞動生產或服兵役的。但這健康的社會和安定的生活是必然的嗎？猶大人深深知道這事並非必然。在耶路撒冷的歷史中，多少次被敵人猛烈攻擊時，最先犧牲的是這兩個年紀的人。而在經濟艱難的時候，這些弱勢羣體也被迫要投入生產的勞動中。

先知接著說：「即使這事在這餘民中看為奇妙，難道在我眼中也看為奇妙嗎？」（亞八6）這似乎反映先知了解當時猶大人的心態，會認為在4至5節所宣告的，是一件困難得令人無法想像的事。由此可見，過去的歷史所造成的陰影，仍然纏擾著猶大人，使他們覺得不安。

這不安的感覺，會因外在的經濟環境不理想而增加。在第六個神諭（亞八9～13），先知說出猶大面對的經濟狀況（10節）。人的「工價」與牲畜的「雇用」，與農業有關；「人得不著工價，牲畜也無人雇用」，反映農業的發展停滯不前。另外，「出入不得平安」反映治安也不佳，因為「出入」指出門遠行，進行貿易買賣。從事貿易的，最需要安全的環境；若安全得不到保障，貿易活動就會停頓。至於「人與人互相攻擊」（10節）是八章4至5節的情況相反，是社會經濟低迷的「副作用」。人內心的焦慮轉化成侵略性和攻擊性的行為，本應和諧的社會將會被撕裂。

這些情況帶來了甚麼？可能是沉重的罪咎感。猶大人認為他們的罪還在，他們仍然活在神的怒氣之中；這些逆境也許令猶大感到仍處於審判和「詛咒」（亞八13）中。這種感覺在第一個異象的記載中已經存在，可見這罪咎感是何等根深蒂固。對猶大人來說，上文所描述的種種負面的情況，使他們自覺正承受著神的「咒詛」（13節），認為神仍「定意降禍」（14節）給他們；這些都是罪的結果。若神仍然對他們發怒，他們的盼望在哪裏？外在環境的種種負面狀況，似乎不斷提醒猶大人，他們是被咒詛的。他們會以為自己被困在死胡同裏，沒有出路。

猶大人的心被種種難題捆綁著，他們需要得著釋放，他們需要盼望。這就是先知所面對的處境。

神是我們的避難所

在這背景下，神藉先知宣講的連串信息，是要安慰猶大人，勉勵他們，使他們知道神正要為他們施行「奇事」。

來自神的宣告，如何能安慰飽受風霜的百姓？它帶來神的臨在，而這臨在是人在患難、不安、風吹雨打之中，最佳的「庇護所」。神的臨在有時不是平淡如水，而是熱情如火的，而這又往往最能安慰飽受憂驚的心。按前文所言，經文用「妒忌」形容神的臨在（亞八2），流露了澎湃的力量和熱誠、「火熱」或「熾熱」甚或神的怒氣，當然也有被用來形容神的愛（如結三十九25；珥二18；亞一14）。這種愛，是不願放棄的愛，是以信實為本的愛。這種愛是堅定的，是毫無保留的，也永不收回的。就像冬日裏一杯熱騰騰的薑茶或一杯熱騰騰的意式咖啡，能驅走寒氣，神這種火熱的臨在，也能驅走這羣被稱為「餘民」的猶大人內心的失望和沮喪。

除了安慰，神的宣告的另一目的，是要勉勵百姓，在困難和逆境中，仍要以「堅強」的手完成手上的事工，重建聖殿。這重點在第六個神諭（亞八9～13）中最為清晰。這個神諭以「你們的手要堅強」開始和結束（9、13節）。甚麼時候人的手會「軟」下來？其中一個可能的情況是：人懷疑所作的事有何價值和意義之時。對參與教會事奉的肢體來說，這是最真實的經驗和挑戰。當我們覺得所作的、所付出的努力，沒有多大的作用或價值時，我們會「心淡」，會想放棄。相信當時的猶大人面對類似的情況；他們承受著巨大的壓力，要完成聖殿的重建，外在的困難會使他們產生質疑，疑問這事有何意義。當他們的家人溫飽也成問題，他們基本的安全得不到保障，重建聖殿的意義又何在？受到這種「失敗者」的心態影響，他們士氣會低落，對神的工作提不起勁，於是手便「軟」下來。神的臨在，神的宣告，像新的能源，要幫助他們戰勝這「失敗者」的心態，重新認識事工的意義，就能加倍努力。

最後，神的宣告要拯救猶大百姓脫離恐懼。「不要懼怕」這話分別在八章 13 和 15 節出現，在文學的層面把最後兩個神諭連接起來，形成更緊密的關係。猶大百姓心中懼怕，其成因經文已經有所說明。「懼怕」有時的確能夠控制人。約伯記中一段很經典的經文，把「懼怕」描寫得淋漓盡致（伯十五 20～24）。這段經文讓我們感覺到其中的「懼怕」，輕者如失去自信（21～22 節），重則如常常活在死亡的陰影中（23～24 節），以致忐忑不安，惶惶不可終日。現代社會中，「驚恐症」是香港最常見的情緒病之一。患者常常會在沒有先兆的情況下，突然陷入難以解釋的恐懼中；「懼怕」的感覺，其實也離我們不遠。

當人落入無法控制和擺脱的「懼怕」，神會臨在，為他們帶來釋放，溫柔地對他們連番説着：「不要懼怕」。神完全了解人的處境是何等可憐，願意把纏擾著人的懼怕除去。從舊約神學的角度看，這話本身假設了救恩的臨在，所以是神的救贖把人內心的懼怕除去，也惟獨在神的救恩中，人的懼怕才得以完全並真正除去。

總括而言，在我們常感失控、變幻莫測的世事中，只有內心為人火熱的主是我們的避難所。

總結

若重建一座建築物已經困難重重，那麼重建屬靈生命更是談何容易？猶大人在重建聖殿的過程中所經歷的屬靈旅程，可能會引起我們心中的共鳴，因為我們或許也經歷過類似的屬靈旅程。這樣的旅程中的起伏，並在羣體中的經驗，必定會留下不可磨滅的痕迹。於此，我們要好好領受先知的教導。

另一方面，我們曾為教會擔憂嗎？察覺到教會的問題，是否令我們感到不安？又是否因為無力改變現況而感到氣餒，甚至想過或已經放棄呢？在事奉的路上，我們必定會經過這樣的階段，看不清事奉的目標，也看不清事奉到底有何價值，心中有一個問題會反覆地出現：「這一切，值得嗎？」這問題令我們的內心交戰。但不論目前的光景如何，讓我們一同以至誠、謙卑的心，領受從神而來信息，經歷其中的安慰、勉勵和拯救。神正以祂澎湃的愛和熱誠，臨在這地。

我們需要這段經文的信息，因為我們有更遠的路要走。

禱告

恩惠的主，感謝祢，祢來到缺少盼望的人中，給我們安慰。主啊，幫助我能夠信靠祢，從祢領受平安。阿們。

思考問題

❶ 這裏共有多少個「神諭」？你能概括地說明各段的重點嗎？

❷ 在你的經驗中，甚麼事會令你驚恐？你會用甚麼方法面對和克服？

❸ 你能體會經文中帶給當時猶大人的安慰嗎？

12
神與我們同在
「我們快去懇求耶和華的恩」

撒迦利亞書八章 18 至 23 節

數年前，世界銀行將香港的便利營商排名升至全球第二位；美國傳統基金會連續多年將香港評為全球最自由經濟體；世界經濟論壇又將香港的競爭力排名提升兩級，至全球第七位，亞洲第二位；《二〇一三新華—道瓊斯國際金融中心發展指數》中，香港的綜合排名為全球第三位。似乎在世界的目光中，香港的魅力在於營商的能力。我們是否因此而滿足，並引以為傲呢？還有甚麼比賺錢能力不斷提升更值得珍惜、栽培和追求呢？

禁食齋戒的日子

這章思考的經文是撒迦利亞書前半部（一～八章）

的結束段落，由三個「神諭」組成（八 19、20～22、23），每個都以相同的話「萬軍之耶和華如此說」開始，與八章 1 至 17 節的神諭相同。換言之，撒迦利亞書八章由「十」個神諭組成，是「七」個加「三」個的格局（另參頁 137），用編輯的手法把整卷書，甚至整卷「十二先知書」總結起來。

內容上，最容易注意到的，是第一段經文（亞八 19）與撒迦利亞書七章 3 節呼應，是先知對來自伯特利的人提出的問題的回應。在撒迦利亞書七章 3 節，來自伯特利的人向祭司和先知問道：「我當如歷年以來所行，在五月哭泣齋戒嗎？」當時先知沒有直接回答這問題，反而向他們提出要認真自省和重建立約忠誠的要求（七 5～14）。然後，先知又宣告神的諭旨，表明祂要重返錫安（八 2～3）。在神這些應許和鼓勵之下，先知在這裏回到伯特利人提出的問題。

先知的回答，把提出問題的人和讀者帶回到歷史之中。雖然在撒迦利亞書七章 5 節，先知只提及五月和七月的齋戒，但到回答問題時，先知把所有相關的禁食齋戒日子都列舉出來，要就這事作全盤、徹底的回覆。這些齋戒的日子，全都源自猶大亡國的經歷。

1. **「四月的禁食」**所紀念的事，記載在列王紀下二十五章2至7節。這事發生在公元前五八七年六月間，當時耶路撒冷城被巴比倫軍隊圍困了一年多(王下二十五2)。城內糧盡水絕，皇室成員及城中領袖等嘗試突圍，在夜間鑿破城牆，企圖往南方(4節的「亞拉巴」)逃跑。結果不成功，在「耶利哥附近的平原」(5節)被巴比倫軍隊追上了，全數被押解到敍利亞的利比拉，巴比倫軍隊的總部那裏(6節)。巴比倫人當著西底家王面前，把他的家人全部殺死，然後挖了西底家的眼睛，用銅鏈鎖著他，帶到巴比倫去(7節)。「四月的禁食」所紀念的，基本上是大衞王朝長達三、四百年統治的終結。

2. **「五月的禁食」**所紀念的事，記載在列王紀下二十五章8至10節，發生在公元前五八六年八月。這事的發生，代表猶大國作為政治實體的終結。因為經文記載「巴比倫王的臣僕尼布撒拉旦」進入耶路撒冷，把「耶和華的殿」、「王宮」、「一切房屋民居」，包括「大戶人家的房屋」和「耶路撒冷四圍的城牆」都夷為平地。這些國家主權的象徵被拆毀了，等於這國家從歷史中消失。

3. **「七月的禁食」**所紀念的事，記載在列王紀下二十五章25至26節，發生在公元前五八二或五八一年九月。巴比倫滅了猶大後，任命基大利作「省長」(22 節)，但他不久被一名皇室後人「以實瑪利」(25 節)所殺。基大利被殺，相信是因為他並非大衞家族後人，並他鼓勵倖存的猶大人要順服巴比倫的統治。殺死省長一事等同作反，於是參與這事的猶大人逃亡到埃及。根據耶利米書四十二至四十三章，先知耶利米也在這時被帶到埃及。後人紀念這事，是因為基大利是最後一名「統治」猶大的猶大人。

4. **「十月的禁食」**所紀念的，是耶路撒冷圍城的開始，記載在列王紀下二十五章 1 節，發生在公元前五八九年十二月。若論事件發生的時序，這是猶大國滅亡過程的開端。

這些日子，都是哀傷的日子，因此他們會禁食，在否定自我的狀態中背負亡國的傷痛，背負歷世以來所犯的罪的羞辱和重擔。大半個世紀以來，猶大仍紀念這些哀傷的日子，但他們還要背負多久？

尋求與懇求

先知如何回答伯特利人的查詢？耶和華給他的信息是：這些哀傷的日子，「必成為猶大家的歡喜和快樂，以及美好的節期」（亞八 19 上）。我們不要誤會，先知這裏其實並非宣告行事曆和節期的轉變或更改。經文所列出的一些禁食的日子，猶太人如今仍在持守。所謂「四月的禁食」的日子，由早上至日落，傳統的猶太人仍會進行一天的禁食，記念耶路撒冷城牆被攻破。另外在紀念「七月的禁食」的日子，傳統的猶太人會紀念基大利被殺的事件，進行一整天的禁食。

既是這樣，先知的宣告的作用何在？從下文的兩個「神諭」看來，這些禁食的日子的「終止」，代表百姓的復興和更新。經文要表達的，是耶和華對這「餘民」的計劃和心意。這是耶和華心中的「異象」：這「餘民」要成為萬國的中心；萬國的人民都要前來，聚集在這裏，「尋求萬軍之耶和華，懇求耶和華的恩」（亞八 21、22）。「眾百姓」包括哪些人？學者相信，「眾百姓」所指的並非猶大人，而是在文化及語言上與猶大相通的民族，如菲尼基人、撒馬利亞人、以東人、西頓人、泰爾人、敍利亞（亞蘭）人等其他迦南民族。至於「城鎮的居民」，學者相信「居民」或許可翻譯為「領袖」，而「城鎮」所指的是存在於迦南地區的一些「城邦」政治實體。所以，「百姓」和「城鎮」反映了迦南地在文化及政治上的一些面貌，兩者合起來展現了一個國際性的視野。這些族羣在過去不同時期，與猶大的關係或友好或敵對，但到將來，這些民族都會滿懷熱誠地來到猶大地。不是因為猶大變得特別富強，特別富有文化氣息，而是因為惟獨在猶大地可以經歷到耶和華的同在。猶大能向這些族羣提供的，不是政治上的庇護，不是經濟上的好處，而是他們渴望要得著的耶和華的「恩」(21 節)。

舊約中，「懇求」別人的「恩」既有宗教的意涵，也有政治的意涵。這句話出現時，通常作出「懇求」的都是政治領袖，而「懇求」的對象是耶和華。「懇求」的方法，是個禮儀的過程或行動(多數是獻燔祭)，為要討神的喜歡，消除祂的怒氣(最經典的例子是出埃及記三十二章 11 節)，或請求耶和華的幫助(如撒上十三 12)。這些情況反映了一個事實，就是提出「懇求」的人是完全肯定、接受，甚至效忠其「懇求」的對象，也就是耶和華。所以「懇求耶和華的恩」有向神表示臣服、降服等意思。

人為何要「尋求」耶和華？人有何途徑「尋求」耶和華？通常「尋求」的方法是禱告或獻祭，藉此得著指引，解決難題。對於「尋求」者，最先決的條件是接受耶和華的權柄，並且願意遵行神的旨意，因為「尋求」假設了遵行和順服。

我們從經文可見，如此熱烈地「尋求」和「懇求」

耶和華的，絕非懦弱或無能之輩，而是「許多民族」和「強盛的國家」(亞八22)。他們不約而同地受到耶和華的吸引，紛紛前來依附猶大。第三個「神諭」的描述很生動，繪畫出這種熱烈的情況：「必有十個人強拉住一個猶大人衣服的邊」(八23)。在這裏，「十個人」所象徵的，並非最低的數目(參創十八32)，而是「全部」。因為在舊約，「十」代表「完整」，是一個神聖的數字，是「七」與「三」的總和。這「十個人」為何要「強拉住一個猶大人衣服的邊」?「拉住衣服邊」(《和合本》作「衣襟」)本身是個懇求的動作，傳遞了降服、屈服等意思(參撒上十五27)。「強拉」著猶大人衣襟的，是「列國中說各種語言的人」，包括曾經侵犯過猶大的國家。他們的動作表示了和解，或重修舊好的意思。

猶大從作為列國的羞辱，變成列國的光榮。既是這樣，猶大為何還要哀傷呢？神的復興除去了犯罪的不安和羞辱，神的復興除去了重壓在人內心的罪咎感，把人從重擔下釋放出來。神的復興，把人的哀傷轉變成喜樂。

誠實與和平

在二十一世紀初，出現了一個新詞彙「軟實力」(soft power)。創造這詞彙的是哈佛大學的一位教授約瑟．奈爾（Joseph Nye），他在二〇〇四年出版了一本書，名稱是 *Soft Power: the Means to Success in World Politics*。自此以後，「軟實力」這詞彙就被廣泛應用。所謂「軟實力」，是指一種方法、能力或影響力，是無須使用任何威逼利誘的手段，而能夠吸引人和說服別人認同，或使人想得到你所擁有的東西。一般而言，一個國家的「軟實力」由三方面組成：文化的吸引力、政治的價值觀及外交政策的認受性。在這個大小事情都講求排位（名次）的世界中，自然有「軟實力排名榜」。二〇一二年「軟實力排名榜」名列前茅的三個國家，分別是英國、美國和德國。在這排名榜上名列前茅的，大都是歐洲和北美國家，亞洲方面只有日本（第六位）、南韓（第十一位）和土耳其（第二十位）。「軟實力」反映了一個國家對人有多大的吸引力，有多少人會羨慕它、仿效它、跟隨它。

猶大有何吸引力？她散發出來的「魅力」，與經濟潛力無關，與政治的聲譽無關，而是在於她「喜愛誠實與和平」（亞八 19 下）。從全地的人向猶大趨之若鶩的景況來看，這世界必定是嚴重缺乏「誠實與和平」，以致猶大成了「稀世奇珍」，其他人必須蜂湧到猶大地去吸收和學習。其實，早在先知以賽亞的時代，已有類似的異象，就是有一天，猶大的耶路撒冷要成為全地的中心，萬民要像河水一樣「流歸這山」（賽二2）。因為全地上只有這裏能聽見主的話和真理。耶路撒冷經歷過劫難後，先知撒迦利亞再次宣告這樣的信息。

「誠實」在撒迦利亞書出現過六次（七9，八3、8、16〔兩次〕、19節），是一頗為重要的主題。原文中，「誠實」一詞亦可以翻譯為「真理」（truth），而「真理與和平」所指的是一件而不是兩件事，就是「真正（或真實）的和平」。從文字的使用來看，「真實的和平」把我們的注意力指向「忠實的城」（八3）。耶路撒冷如何能夠成為「忠實的城」? 答案在撒迦利亞書八章16至17節。這裏共列出四類行為：（一）「説誠實話」，所謂「誠實話」就是「真實的説話」；（二）「按真正的公平來審判」，所謂「真正的公平」（16節），指「完全」或「完整」的公平；（三）「不可心裏謀害弟兄」；（四）「不可喜愛假誓」（17節）。其中第二和四類行為在撒迦利亞書七章9和10節也曾出現，所以這兩段經文的關係頗為密切。這四類行為中，第一和二類所強調的是「真理」，由鄰舍關係擴展到社會整體，而第三和四類所針對的，是人內心隱藏的動機。

這四大原則是社會能夠穩定的基礎，若不能維持，社會就會陷入紛爭和衝突中。在撒迦利亞書八章，先知已經重點宣告耶和華的臨在與回歸，將帶來救贖與釋放。這些「奇事」(亞八 6) 是人無法成就的，但這並不等於人可以抱著雙手，一個指頭也不動，只等神的臨在為我們掃除一切難題。不錯，復興是神的作為，但人仍可以參與其中，所以在撒迦利亞書八章 16 節，神這樣吩咐猶大人：「你們所當行的是這樣」。若猶大願意實踐的話，會獲得這種難能可貴的「軟實力」，其吸引之處，遠遠超過世上所有「超級大國」的優勢。

總結

「門庭若市」這成語，很多時用來形容生意暢旺的景況，但原來它本身與說真話有關。話說戰國時期齊國一名大夫名鄒忌，長得英俊蕭灑，氣宇不凡。有一日，早上洗過面，穿著整齊後，他問妻子：「我和城北的徐公，哪一個英俊？」。妻子答：「是你。」其後他又問妾侍：「我和城北的徐公，哪一個英俊？」妾侍回答：「是你。」鄒忌仍不大肯定，於是又問到訪家中的客人，客人的回答與妻妾的回答一樣。後來，有一天，鄒忌遇上了徐公，上下打量一番後，得出結論，認為徐公事實上比他英俊得多呢！於是他不禁問：「為何所問的人，都不說真話？」苦苦思量了一晚後，得出了答案：妻子因為愛他，所以說了違心話；妾侍因為怕他，所以也違心說話；至於客人，因為有求於他，所以也不說真話。此時，鄒忌領悟到一個重要的真理，於是立刻進見齊威王，對齊威王說：「齊國是當今大國，蹤橫千里，城池一百二十多座。如果你的臣僕都不對你說真話，那麼你就被人嚴重地蒙蔽了。」齊威王聽後覺得十分有道理，於是下令：「不論是大臣、官吏或是平民百姓，能當面指摘國君過錯的，給上等獎賞；能上書提出規勸的，給中等獎賞；能當著人面前議論國君的過失，而傳到國君耳裏的，給下等獎賞。」於是，全國上下的人民紛紛上訪，提供治國的意見，以致宮門外「門庭若市」，齊國也因而比前更加富強了，鄰國亦紛紛派人來學習齊國的治國之道。*

耶和華曉諭猶大人說：「所以你們要喜愛誠實與和平」，這就是猶大國的「魅力」所在。香港作為商業城市，其營商環境吸引人，這是無可厚非的。作為教會，我們所期望的，應該是教會喜愛真理而吸引人。教會不能以外觀吸引人，不能以其事工或事工有多創新來吸引人。教會之所以吸引人，必須是因為「喜愛誠實與和平」。在尋求復興這事上，這是教會最終要追求的目標。

禱告

憐憫的主，賜我們渴慕和順服的心，以致得著復興。求主應允。阿們。

思考問題

❶ 讀完撒迦利亞書一至八章，你能明白並認同先知對復興的論述及教導嗎？為甚麼？

❷ 在實踐誠實與和平這事上，教會應扮演甚麼角色？

❸ 你願意開放你的心，領受上主所賜的復興嗎？

註釋

* 參中華民國教育部編製的《教育部成語典》，http://dict.idioms.moe.edu.tw/cgi-bin/cydic/gsweb.cgi?ccd=KZSXNM&o=e0&sec=sec1&op=v&view=0-1&fmt=11；瀏覽於 2018 年 9 月 7 日。

緊扣時代 服事教會

以文字傳揚基督真道

讀者意見表

衷心多謝你購買本社書籍。本社一直致力以出版事工服事教會，幫助信徒扎根於神的話語，促進靈命增長。為使我們的出版更能滿足你的需要，請填寫下列各項資料，並寄回或傳真予本社。

所購書籍：________________

本書最吸引你的地方：

☐作者 ☐適切性 ☐文筆 ☐設計 ☐實用性

☐其他：________________

購買本書地點：

☐基道書樓 ☐基督教書店 ☐非基督教書店

性別：☐男 ☐女 職業：________________

信仰：☐基督徒 ☐非基督徒

年齡：☐ 16 歲或以下 ☐ 17～25 歲 ☐ 26～35 歲
☐ 36～55 歲 ☐ 56 歲或以上

學歷：☐中三或以下 ☐中五 ☐預科
☐大學 ☐研究院

☐我欲更多了解基道出版社的事工及考慮支持，請寄給我下列資料：

☐機構簡介 ☐新書資料 ☐基道會員通訊
☐《基道文字事工通訊》

姓名：________________ 電話：________________

地址：________________

____

傳真：________________ 電子郵件：________________

其他意見：________________

____

多謝賜教！

意見表可以傳真（2687-0281）或直接郵寄以下地址：
香港沙田火炭坳背灣街26號富騰工業中心1011室
基道出版社編輯部收